Paukbuch Heilpraktiker Psychotherapie (HPP) – effektive Vorbereitung für Prüfung & Praxis

Impressum

© 2013 Sybille Disse

Das Werk, einschließlich seiner Teile, ist urheberrechtlich geschützt. Jede Verwertung ist ohne Zustimmung des Verlages und des Autors unzulässig. Dies gilt insbesondere für die elektronische oder sonstige Vervielfältigung, Übersetzung, Verbreitung und öffentliche Zugänglichmachung.

HEILPRAKTIKERCAMPUS
Sybille Disse, Sahlfeldstr. 21, 37619 Bodenwerder
Tel. 0 55 33/409 16 61
E-Mail: info@sybille-disse.de
www.sybille-disse.de

SHOP: www.hpp-load.de
Verantwortlich für den Inhalt: Sybille Disse, Heilpraktikerin (Psychotherapie)
Umschlaggestaltung: Grafikdesign Esther Kohn - info@holisticus.de
Coverbild Copyright: Copyright@rudie-Fotolia.com
Illustration/Jacob-Zeichnungen: © Sven Hartmann Zürich - www.kater-jacob.de
Korrektorat: Waltraud Warneke
Layout: Simone Martin - www.simonemartinverlag.com
Umschlagidee und Texte: Klaus Dahlem

Verlag: Epubli GmbH, Oranienstrasse 183, 10999 Berlin - Servicenummer: 01805/88 11 20
Printed in Germany
ISBN: 978-3-8442-4915-6
(Die Deutsche Nationalbibliothek verzeichnet diese Publikation in der Deutschen Nationalbibliografie, detaillierte bibliografische Daten sind unter http://dnb.d-nb.de abrufbar.
Benutzerhinweis: Medizinische Erkenntnisse unterliegen einem steten Wandel. Herausgeber und Autor dieses Werkes bemühen sich intensiv dem aktuellen Wissensstand zu entsprechen. Dies entbindet den Benutzer nicht von seiner Sorgfaltspflicht.

Paukbuch Heilpraktiker Psychotherapie (HPP) – effektive Vorbereitung für Prüfung & Praxis

INHALTSANGABE

Kapitel 1)	Psychopathologie	4
Kapitel 2)	Körperlich begründbare psychische Störungen	13
Kapitel 3)	Abhängigkeit bzw. psychotrope Substanzen	19
Kapitel 4)	Schizophrenie	25
Kapitel 5)	Bipolare affektive Störungen	28
Kapitel 6)	Depressionen	30
Kapitel 7)	Neurotische, Belastungs- & somatoforme Störungen	33
Kapitel 8)	Verhaltensauffälligkeiten	39
Kapitel 9)	Persönlichkeits- und Verhaltensstörungen	42
Kapitel 10)	Psychische Störungen bei Kindern und Jugendlichen	46
Kapitel 11)	Psychiatrische Notfälle	51
Kapitel 12)	Suizidalität	56
Kapitel 13)	Therapiemethoden	58
Kapitel 14)	Gesetzeskunde	68
Kapitel 15)	Psychopharmaka	73
Kapitel 16)	Lernübersicht	76
Kapitel 17)	Quellenangaben bzw. Literaturverzeichnis & Medien	81

Paukbuch Heilpraktiker Psychotherapie (HPP) – effektive Vorbereitung für Prüfung & Praxis

Liebe/r Leser/In,

Sie haben sich entschieden, die **Ausbildung zum/zur Heilpraktiker/in beschränkt auf das Gebiet der Psychotherapie** zu absolvieren.

Ihr Ziel ist es wahrscheinlich, die amtsärztliche Überprüfung bei dem für Sie zuständigen Gesundheitsamt zu meistern, um dann später z. B. mit eigener Praxis für Psychotherapie (HeilprG) Patienten mit psychischen Störungen helfen zu können.

Begleitend zu unserem Arbeitsbuch, Audio- und Videokurs halten Sie nun das Paukbuch in der Hand.

Hierbei haben wir uns an den Anforderungen der Gesundheitsämter, den amtsärztlichen Überprüfungen der letzten 15 Jahre, zahlreichen mündlichen Prüfungsprotokollen der letzten zehn Jahre und der ICD 10 (internationaler Katalog der Erkrankungen) orientiert, damit wir Sie optimal auf die Heilpraktikerüberprüfung vorbereiten!

Dieses Paukbuch beinhaltet die prüfungsrelevanten Inhalte - kurz und knackig zusammengefasst.

Gehen Sie diese der Reihe nach durch und arbeiten Sie die Lücken nach.

Sie haben sich für ein faszinierendes, aber auch sehr anspruchsvolles Gebiet entschieden, auf dem Sie tätig werden möchten. Auf diesem Weg möchten wir Sie gerne begleiten und tatkräftig unterstützen.

Wann immer Sie Fragen oder Anregungen haben, wenden Sie sich gerne per Email an uns!

info@sybille-disse.de

Und nun wünschen wir Ihnen viel Vergnügen und freuen uns, Sie auf dem Weg zum/zur Heilpraktiker/In (beschränkt auf das Gebiet der Psychotherapie) begleiten zu dürfen!

Ihre Sybille Disse und Team

Paukbuch Heilpraktiker Psychotherapie (HPP) – effektive Vorbereitung für Prüfung & Praxis

Kapitel 1) Psychopathologie

Im ersten Kapitel wird die Psychopathologie zusammengefasst. Kurz und knapp folgen nun die prüfungsrelevanten Inhalte.

(1.1) Psychiatrische Untersuchung und Befunderhebung

Psychiatrische Untersuchung und Befunderhebung: besteht aus Anamnese und psychopathologischem (psychischem) Befund

→ **Ziel:** Herstellen einer vertrauensvollen Beziehung und das Krankheitskonzept des Patienten verstehen!

(1.2) Anamnese (Krankheitsvorgeschichte/Längsschnittuntersuchung)

1. **Eigenanamnese:** Erfragung der aktuellen (psychischen) Beschwerden und Vorgeschichte sowie der früheren psychischen und körperlichen Erkrankungen mit Beginn, Behandlung und Verlauf
2. **Medikamenten- und Abhängigkeitsanamnese**
3. **a) Biographie:** äußere Lebensgeschichte (Lebenslauf), innere Lebensgeschichte (Entwicklung in Kindheit, Partnerschaft, Familie)
   b) Familienanamnese: psychische und körperliche Erkrankungen in der Familie, Charaktereigenschaften, Suizidalität
4. **a) Sozialanamnese:** Sozialstatus, schulischer Werdegang, Berufsausbildung, derzeitige berufliche Stellung, soziale und kulturelle Interessen, Freizeitgestaltung, Lebensgewohnheiten
   b) Sexualanamnese: Sexualität, Partnerschaft, Ehe, sexuelle Entwicklung, Erfahrungen
5. **Fremdanamnese:** Befragung von Personen aus dem Umfeld des Patienten

Paukbuch Heilpraktiker Psychotherapie (HPP) – effektive Vorbereitung für Prüfung & Praxis

(1.3) Psychopathologischer Befund

- Jetzt-Zustand des „Organs" Seele, Querschnittuntersuchung
- Psychopathologie = erkennen, beschreiben und dokumentieren von abnormen (abweichenden) Erlebens- und Verhaltensweisen in ihren seelischen, sozialen und biologischen Bezügen
- ! Wichtig: Patient auf Schweigepflicht hinweisen!

(1.4) Ideale therapeutische Grundhaltung (nach Scharfetter)

- *„gefühlshaft-empathisches Mitschwingen"*
- *„affektive Betroffenheit/Erschütterung zulassen"*
- *„gleichzeitig intellektuell-rational zur Kenntnis nehmen und verarbeiten lernen"*

⇨ die psychische Störung erschließen

(1.5) Testpsychologische Untersuchungen

- Leistungs-/Intelligenztests (Bsp.: Hamburg-Wechsler-Intelligenztest für Erwachsene, früher: HAWIE, seit 2013 nur WAIS-IV)
- Persönlichkeits- u. projektive Tests (Bsp.: Rorschach-Test)

(1.6) Apparative Diagnostik

- Verweis an den Arzt bzw. Facharzt
- z. B. Labor, EEG (Elektroenzephalographie), cCT (Computertomographie des Schädels), cMRT (Magnetresonanztomographie des Schädels)

(1.7) AMDP-System

- Internationales System zur standardisierten Erfassung und Dokumentation eines psychopathologischen Befundes, wurde von der Arbeitsgemeinschaft für Methodik und Dokumentation in der Psychiatrie (AMDP) erarbeitet. -> www.amdp.de

(1.8) Psychopathologischer (psychischer) Befund (angelehnt an AMDP-System)   0. Äußere Erscheinung

- Bekleidung, Haar- und Körperpflege, Statur, Konstitutionstyp und Körperhaltung, Verhalten, Physiognomie (die „Lehre aus dem Gesicht")

(1.9) Psychopathologischer (psychischer) Befund   1. Bewusstseinsstörungen (quantitativ/qualitativ)

a) **quantitativ/Bewusstseinsminderung** (Vigilanz = Grad der Wachheit; i.d.R. organische Ursache!):

Wachheit: ungestörtes quantitatives Bewusstsein; **Benommenheit:** leichte Beeinträchtigung der Vigilanz bei Bewusstseinsklarheit; **Somnolenz:** schläfrig, durch Ansprache weckbar, Reaktion auf (Schmerz-) Reize; **Sopor:** nur durch stärkste (Schmerz-) Reize weckbar; **Koma:** tiefe Bewusstlosigkeit - nicht mehr erweckbar!

b) **qualitativ** (veränderte bzw. eingeschränkte Klarheit des Bewusstseins – z. B. beim Delir, Alkoholintoxikation, Dämmerzuständen (z. B. postiktal nach Grand-Mal-Anfall), Verwirrtheitszustände):

Bewusstseinseinengung: selektives B., nur bestimmte Aspekte gelangen ins Bewusstsein, verminderte Ansprechbarkeit auf Außenreize (z. B. nach einem epileptischen Anfall); **Bewusstseinsverschiebung:** erweitertes, intensiviertes Erleben von Raum, Zeit und Sinnesempfindungen (z. B. durch Drogen oder Hypnose); **Bewusstseinstrübung:** mangelnde Klarheit des Erlebens und Verstehens die eigene Person oder Umwelt betreffend (z. B. beim Delir).

Paukbuch Heilpraktiker Psychotherapie (HPP) – effektive Vorbereitung für Prüfung & Praxis

(1.10) Psychopathologischer (psychischer) Befund -   2. Orientierungsstörungen

- **zeitlich** (Tag, Monat, Jahr, Wochentag, Jahreszeit); **örtlich** (Wo befinden Sie sich jetzt?); **situativ** (Was passiert hier gerade?); **personell** (Name, Beruf, Geburtsdatum → bleibt am längsten erhalten) ⇨ „ZÖSP!"

(1.11) Psychopathologischer (psychischer) Befund   3. Aufmerksamkeits- und Gedächtnisstörungen

1. a) **Aufmerksamkeitsstörungen:** Unfähigkeit, sich einem vorgegebenen Ziel zu widmen 1. b) **Auffassungsstörungen:** Wahrnehmung in Bedeutung begreifen und sinnvoll verbinden 2. **Konzentrationsstörungen:** verringerte Fähigkeit, sich ausdauernd einer bestimmten Sache/Tätigkeit zu widmen 3. **Merkfähigkeitsstörungen:** Herabsetzung der Fähigkeit, sich frische Eindrücke über eine Zeit von 10 min zu merken 4. **Gedächtnisstörungen:** Herabsetzung bis Aufhebung der Fähigkeit, Inhalte längerfristig zu speichern oder abzurufen 5. **Konfabulationen:** Ausfüllen von Erinnerungslücken mit falschen/erfundenen Inhalten 6. **Paramnesien/Trugerinnerungen:** déjà-vu, déjà-vecu, jamais-vu, **Hypermnesie:** verstärkte, überdeutliche Erinnerung, z. B. durch Drogen, **Ekmnesie** (Zeitgitterstörung) 7. **Amnesie:** retrograd, kongrad, anterograd, total, psychogen.

(1.12) Psychopathologischer (psychischer) Befund   4. Sprachstörungen

- **Entwicklungsstörungen:** im Alter von 2,5 - 3 Jahren nur 3 - 4 Wörter sprechen!
- **Audimutitas** (Hörstummheit)
- **Dyslalie** (Stammeln), **Sigmatismus** (Lispeln), **Mutismus** (Sprachverweigerung), **Poltern** (überstürzter Redefluss), **Rhinolalie** (Näseln), **Stottern und Pseudostottern** (hysterisches Stottern)
- **Surdomutitas** (Taubstummheit)
- **Aphasie** (Sprachlosigkeit; Wortfindungsstörungen/Wortabrufstörungen)
- **Dysarthrie:** Beeinträchtigung des Sprechens → z. B. Bulbärsprache (nasal, undeutlich, verwaschen, „klößig")
- ⇒ **Logopäde oder Kinder- und Jugendpsychiater!**

(1.13) Psychopathologischer (psychischer) Befund — 5. Intelligenzstörungen

Intelligenz = kognitive Leistungsfähigkeit des Menschen

Oligophrenien, verzögerte oder unvollständige Entwicklung der geistigen Fähigkeiten:

- **leichte Intelligenzminderung** (IQ 50 - 69, früher: Debilität)
- **mittelgradige Intelligenzminderung** (IQ 35 - 49, früher: Imbezillität)
- **schwere Intelligenzminderung** (IQ 20 - 34, früher: schwere Oligophrenie)
- **schwerste Intelligenzminderung** (IQ < 20, früher: Idiotie)

(1.14) Psychopathologischer (psychischer) Befund — 6. Formale Denkstörungen

1. Denkhemmung: Pat. empfindet Denken als gebremst/blockiert (z. B. bei Depression) **2. Denkverlangsamung:** schleppendes Denken (z. B. bei Depression) **3. umständliches/weitschweifiges Denken:** „über viele Umwege", trennt Nebensächliches nicht vom Wesentlichen, aber nachvollziehbar (z. B. bei Demenz) **4. eingeengt:** eingeschränkt, Fixierung **5. Perseverationen:** pathologisches Haften an Worten oder Angaben, nicht mehr sinnvoll **6. Grübeln:** unablässiges Beschäftigtsein mit meist unangenehmen Themen, „Zwangskreisen" (z. B. bei Depression) **7. Gedankendrängen:** viele verschiedene Einfälle oder Gedanken drängen sich auf **8. Ideenflucht:** assoziativ gelockert, „Vom Hölzchen aufs Stöckchen" (z. B. bei Manie) **9. Vorbeireden:** Pat. geht nicht auf Frage ein oder bringt ein anderes Thema, obwohl er die Frage verstanden hat **10. Gedankenabreißen/gesperrtes Denken:** plötzlicher Abbruch eines flüssigen Gedankenganges (z. B. bei Schizophrenie) **11. inkohärentes/zerfahrenes Denken:** nicht mehr nachvollziehbar (z. B. bei Schizophrenie) **12. Neologismen:** Wortneubildungen **13. Verbigeration:** ständiges, sinnloses Wiederholen eines Wortes **14. Kontamination:** Verschmelzung mehrerer Wörter zu einem neuen

Raum für eigene Notizen

(1.15) Psychopathologischer (psychischer) Befund — 7. Inhaltliche Denkstörungen

Wahn, Zwang und überwertige Ideen

Definition: *„Wahn ist die subjektive Gewissheit und unkorrigierbare Überzeugung des Patienten trotz Unmöglichkeit des Inhalts."* (n. Jaspers)

1. Wahnstimmung: Stimmung des Unheimlichen „es liegt etwas Unheilvolles in der Luft", die von Gesunden nicht nachvollzogen werden kann **2. Wahnwahrnehmung:** realer Wahrnehmung wird eine wahnhafte Bedeutung (meist mit Eigenbezug) beigemessen → wahnhafte Fehlinterpretation **3. Wahn-Einfall:** plötzliches und unvermitteltes gedankliches Auftreten von wahnhaften Vorstellungen und Überzeugungen **4. Wahn-Gedanken:** wahnhaftes Denken **5. systematisierter Wahn:** Grad der Verknüpfung einzelner Wahnsymptome mit anderen Wahnphänomenen, Sinnestäuschungen, Ich-Störungen, usw. → Wahnsystem, von dem der Pat. überzeugt ist **6. Wahn-Dynamik:** emotionale Beteiligung des Pat. an seinem Wahn, hohe Wahndynamik prognostisch günstig! **7. Beziehungswahn:** wahnhafte Eigenbeziehung; Pat. bezieht alles (auch Belangloses) auf sich **8. Beeinträchtigungs-/Verfolgungswahn:** Pat. sieht sich als Ziel von Feindseligkeiten, fühlt sich bedroht, gekränkt, beleidigt, verspottet, verhöhnt; jemand will sein Geld, seine Gesundheit oder sogar sein Leben! **9. Eifersuchtswahn:** wahnhafte Überzeugung, vom Lebenspartner betrogen und hintergangen zu werden **10. Schuldwahn:** wahnhafte Überzeugung, Schuld auf sich geladen zu haben **11. Verarmungswahn:** wahnhafte Überzeugung, nicht genug Mittel zum Lebensunterhalt zu haben **12. hypochondrischer Wahn:** wahnhafte Überzeugung, krank zu sein **13. Größenwahn:** wahnhafte Selbstüberschätzung **14. andere Wahninhalte:** es gibt viele weitere Wahnthemen!

(1.16) Psychopathologischer (psychischer) Befund — 8. Wahrnehmungsstörungen/Sinnestäuschungen

1. Illusionen: verfälschte wirkliche Wahrnehmungen → etwas wird verkannt **2. Stimmenhören/Phoneme:** Wahrnehmung menschlicher Stimmen, ohne dass tatsächlich jemand spricht **3. andere akustische Halluzinationen/Akoasmen:** Wahrnehmung akustischer Halluzinationen exkl. Stimmenhören → pfeifen, zischen, brodeln, donnern u. a. **4. optische Halluzinationen:** Wahrnehmung von Lichtblitzen, Photismen, Mustern, Visionen, Gegenständen, Personen oder ganzen Szenen ohne Reizquelle **5. Körperhalluzinationen/taktile Halluzinationen:** taktiles Wahrnehmen von nicht vorhandenen Objekten und Störungen des Leibempfindens → Coenästhesien **6. Geruchs-/Geschmackshalluzinationen:** olfaktorische und gustatorische Halluzinationen **7. Pseudohalluzinationen:** Pat. erkennt den Trugcharakter.

(1.17) Psychopathologischer (psychischer) Befund — 9. Ich-Störungen

„Entpersönlichung", Wirklichkeit erscheint fremd

1. **Derealisation:** Umwelt erscheint unvertraut, sonderbar, gespenstisch → Personen, Gegenstände und Umgebung scheinen unwirklich, fremdartig oder auch räumlich verändert 2. **Depersonalisation:** Pat. kommt sich selbst fremd, unwirklich, unmittelbar verändert oder wie ein anderer vor, Störung des Einheitserlebens oder der Identität 3. **Gedankenausbreitung:** andere Menschen wissen, was der Pat. denkt, die Gedanken gehören nicht mehr ihm alleine 4. **Gedankenentzug:** dem Pat. werden die Gedanken weggenommen oder „abgezogen" 5. **Gedankeneingebung:** Gedanken und Vorstellungen werden als „von außen her beeinflusst, gemacht, gelenkt, eingegeben, aufgedrängt" empfunden 6. **andere Fremdbeeinflussungserlebnisse:** Fühlen, Streben, Wollen oder Handeln werden als „von außen gemacht" erlebt.

(1.18) Psychopathologischer (psychischer) Befund — 10. Störungen der Affektivität

1. **Ratlosigkeit:** Patient wirkt, als ob er sich nicht mehr zurechtfindet, seine Situation, Umwelt, Zukunft nicht begreift, nicht mehr versteht, was mit ihm geschieht → „staunig", verwundert, hilflos 2. **Gefühl der Gefühllosigkeit:** Reduktion bzw. Verlust des affektiven Erlebens (Freude und Trauer!), Pat. fühlt sich gefühlsverarmt, -leer, -verödet 3. **Affektarmut:** Anzahl gezeigter Gefühle vermindert; es sind nur wenige Affekte beobachtbar; Pat. meist gleichgültig, unbeteiligt, teilnahmslos 4. **Störung der Vitalgefühle:** Herabsetzen des Gefühls von Kraft und Lebendigkeit der körperlichen und seelischen Frische und Ungestörtheit 5. **Deprimiertheit:** negativ getönte Befindlichkeit, Niedergeschlagenheit 6. **Hoffnungslosigkeit:** pessimistische Grundstimmung, fehlende Zukunftsorientierung, „schwarzsehen" 7. **Ängstlichkeit:** Pat. hat Angst, manchmal ohne angeben zu können, wovor 8. **Euphorie:** Zustand des übersteigerten Wohlbefindens, Heiterkeit, gesteigerte Vitalgefühle 9. **Dysphorie:** missmutige Verstimmtheit 10. **Gereiztheit:** Pat. in Zustand erhöhter Reizbarkeit bis Gespanntheit 11. **innerlich unruhig:** Pat. spürt innere Aufregung, Spannung, Nervosität 12. **klagsam/jammerig:** Schmerz, Kummer, Ängstlichkeit werden ausdrucksstark in Worten, Mimik, Gestik vorgetragen 13. **Insuffizienzgefühle:** Vertrauen in eigene/n Leistungsfähigkeit/Selbstwert vermindert oder verloren gegangen 14. **gesteigerte Selbstwertgefühle:** positiv erlebtes Gefühl, Steigerung Selbstwert, Kraft, Leistung 15. **Schuldgefühle:** Pat. fühlt sich für eine Tat, Gedanken oder Wünsche verantwortlich 16. **Verarmungsgefühle:** Pat. fürchtet, ihm fehlten die Mittel, seinen Lebensunterhalt zu bestreiten, er sei verarmt 17. **Ambivalenz:** Vorhandensein widersprüchlicher Gefühle, Vorstellungen, Wünsche, werden auch als quälend erlebt 18. **Parathymie:** inadäquater/paradoxer Affekt 19. **Affektlabilität:** schneller Stimmungswechsel 20. **Affektinkontinenz:** Affekte bei geringem Anlass überschießend, vom Pat. nicht beherrscht und evtl. übermäßig stark 21. **Affektstarre:** Pat. verbleibt in momentanem Affekt.

(1.19) Psychopathologischer (psychischer) Befund — 11. Antriebs- und psychomotorische Störungen

1. **Antriebsarmut:** Mangel an Energie, Initiative, Anteilnahme 2. **Antriebshemmung:** Energie, Initiative, Anteilnahme werden als gebremst/blockiert erlebt 3. **Antriebssteigerung:** Zunahme an Energie, Initiative, Teilnahme 4. **motorische Unruhe:** gesteigerte und ungerichtete motorische Aktivität 5. **Parakinesien:** qualitativ abnorme, meist komplexe Bewegungen → Stereotypien (Wortstereotypien/Verbigerationen, Haltungsstereotypien/Katalepsie, „flexibilitas cerea"/wächserne Biegsamkeit), Befehlsautomatismen (Pat. führt automatisch Handlungen aus), Negativismus (Pat. tut nicht das, was man von ihm verlangt -> „passiver Negativismus" oder genau das Gegenteil -> „aktiver Negativismus") 6. **Manieriertheit:** alltägliche Bewegungen und Handlungen des Pat. erscheinen bizarr und verschnörkelt 7. **theatralisch:** Pat. erweckt den Eindruck, als würde er sich selber darstellen/schauspielern 8. **Mutismus:** Wortkargheit bis hin zum Nichtsprechen/psychogenes Schweigen 9. **Logorrhoe:** gesteigerter Rededrang.

(1.20) Psychopathologischer (psychischer) Befund — 12. Ängste (Befürchtungen) und Zwänge

1. **Hypochondrie:** ängstlich getönte Beziehung zum eigenen Körper, Missempfindungen wahrnehmen mit der Befürchtung, körperlich krank zu sein

2. **Phobien:** Angst vor bestimmten Situationen oder Objekten, meist mit Vermeidungsreaktion

3. **Panikstörung:** plötzliche, anlasslose, heftigste Angst für bis zu ca. 30 min

4. **generalisierte Angststörung:** unbegründete, diffuse Angst, „frei flottierend", ohne dass der Pat. sagen kann, wovor er Angst hat

5. **Zwangsgedanken:** immer wieder sich gegen inneren Widerstand aufdrängende Gedanken oder Vorstellungen, die als unsinnig erlebt werden, sich aber schwer unterbinden lassen → häufig obszön/sexuell, aggressiv oder blasphemisch

6. **Zwangshandlungen:** müssen immer wieder gegen den inneren Widerstand ausgeführt werden, lassen sich nur schwer unterbinden, obwohl sie als unsinnig erlebt werden → z. B. Waschzwang, Kontrollzwang, Zählzwang

(1.21) Psychopathologischer (psychischer) Befund — 13. Mangel an Krankheitseinsicht, Compliance bzw. Krankheitsgefühl

- evtl. sogar Ablehnung der Behandlung
- Pat. fühlt sich nicht krank, obwohl er krank ist; erkennt seine krankhaften Erlebens- und Verhaltensweisen nicht als krankheitsbedingt an.

Paukbuch Heilpraktiker Psychotherapie (HPP) – effektive Vorbereitung für Prüfung & Praxis

(1.22) Psychopathologischer (psychischer) Befund 14. Suizidalität (Eigen- und Fremdgefährdung)

- Suizidgedanken und -handlungen ⇨ Ankündigungen in 80 % der Fälle!

(1.23) Psychopathologischer (psychischer) Befund Was Sie sonst noch wissen sollten

- **Circadiane Besonderheiten** (morgens schlechter, abends schlechter, abends besser, Wendestunden: 15.00 Uhr u. 3.00 Uhr)
- **Somatischer Befund:**

    1. **Schlaf- und Vigilanzstörungen:** Einschlafstörungen, Durchschlafstörungen, Verkürzung der Schlafdauer, Früherwachen, Müdigkeit
    2. **Appetenzstörungen:** Appetit vermindert bzw. vermehrt, Durst vermehrt, Sexualität vermindert
    3. **gastrointestinale Störungen:** Hypersalivation (vermehrter Speichelfluss), Hyposalivation (Mundtrockenheit), Übelkeit, Erbrechen, Magenbeschwerden, Obstipation (Verstopfung), Diarrhoe (Durchfall)
    4. **kardio-respiratorische Störungen:** Herz und Atmung betreffend → Atembeschwerden, Schwindel, Herzklopfen, Herzdruck
    5. **andere vegetative Beschwerden:** Akkomodationsstörungen (Beeinträchtigung Scharfeinstellung Auge, „Verschwommensehen"), Hyperhidrose (vermehrtes Schwitzen), Seborrhoe (Überproduktion von Hautfetten), Miktionsstörungen (Beschwerden bei der Blasenentleerung), Menstruationsstörungen
    6. **weitere Störungen:** Kopfdruck, Rückenbeschwerden, Schweregefühl in den Beinen, Hitzegefühl, Frösteln, Konversionssymptome (körperliche Symptome durch innerpsychischen Konflikt mit symbolischem Ausdruckscharakter)
    7. **neurologische Störungen:** Rigor (Starre, Muskeltonus erniedrigt), Tremor (Zittern), Dyskinesien (motorische Fehlfunktionen), Hypokinesien (verarmte und verlangsamte physiologische Mitbewegungen, Willkür- und Reaktivbewegungen), Akathisie (Unfähigkeit, ruhig sitzen zu bleiben oder zu stehen), Ataxie (Störungen der Bewegungskoordination), Nystagmus (unwillkürliche, rhythmische Augenbewegungen), Parästhesien (sensible Reizerscheinungen), Agnosie (Verlust der Fähigkeit zu erkennen), Agraphie (Verlust der Fähigkeit zu schreiben), Alexie (Verlust der Fähigkeit zu lesen), Aphasie (Verlust der Fähigkeit zu sprechen), Apraxie (Verlust der Fähigkeit zu handeln – Pat. unfähig, zielgerichtete bzw. zweckmäßige Bewegungen durchzuführen).

- **Weitere Störungen** (sozialer Rückzug, soziale Umtriebigkeit, Aggressivität, Selbstbeschädigung/selbstverletzendes Verhalten, zerebrale Krampfanfälle, Pflegebedürftigkeit (Pat. ist bei Aktivitäten d. täglichen Lebens auf Hilfe angewiesen))

Sie sehen, dass Sie sich für eine umfangreiche, aber auch spannende Tätigkeit entschieden haben.
Nur Mut, gemeinsam schaffen wir das schon! ☺

Kapitel 2) Körperlich begründbare psychische Störungen

Als nächstes folgen die **körperlich begründbaren (organischen) psychischen Störungen** (früher: „exogene Psychosen")

Definition nach ICD10: (F00-F09) *„Organische, einschließlich symptomatischer psychischer Störungen sind psychische Krankheiten mit nachweisbarer Ätiologie in einer zerebralen Krankheit, einer Hirnverletzung oder einer anderen Schädigung, die zu einer Hirnfunktionsstörung führt."*

(2.1) Ursachen von körperlich begründbaren (organischen) psychischen Störungen

⇨ diffuse oder lokale Schädigung des Gehirns durch Krankheiten, die in den Hirnstoffwechsel eingreifen

- **primäre Funktionsstörung:** direkte oder indirekte Erkrankung oder Verletzung des Gehirns (Hirntumor, -abszess, -verletzung, Gehirninfektionen, Hirnabbauprozesse wie z. B. M. Alzheimer und M. Pick)

- **sekundäre Funktionsstörung:** akute oder chronische Wirkung einer Substanz auf das Gehirn (Intoxikationen durch Alkohol, Drogen, Kortison sowie sonstige körperliche Erkrankungen, z. B. Schilddrüsenprobleme, Stoffwechselstörungen, Nieren- oder Leberversagen, Hormonentgleisungen, Arteriosklerose, Infektionskrankheiten, Multiple Sklerose)

(2.2) Verlauf von körperlich begründbaren (organischen) psychischen Störungen

- **Akut:** häufig kurzdauernder Verlauf, meist reversibel, mit produktiver Symptomatik wie z. B. Wahn/Halluzinationen, häufig Bewusstseinsstörungen, Prognose günstig

  oder

- **Chronisch:** Verlauf schleichend, progredient oder schubweise, i. d. R. irreversibel, mit Negativsymptomatik wie z. B. Gedächtnisstörungen/Demenz, organische Persönlichkeitsstörung, Prognose eher ungünstig

(2.3) Ursachen organischer psychischer Störungen

- **Ursache akuter organischer psychischer Störungen** → Krankheiten, die sich rasch entwickeln → z. B. akute Alkoholintoxikation, Rausch, Psychopharmaka, Intoxikationen, akute körperliche Erkrankungen die mit Stoffwechselentgleisungen einhergehen (z. B. Leberkoma) Hormonentgleisungen, Hirntraumata, Hirntumoren, Epilepsie, Enzephalitiden.

- **Ursache chronischer organischer psychischer Störungen** → Schädel-Hirn-Traumata, bei schwersten Infektionskrankheiten, die das Gehirn betreffen, bei Vergiftungen. In allen Fällen passiert eine Einwirkung von außen, die das Gehirn mehr oder weniger schädigt → organische Störungen

(2.4) Unterteilung organischer psychischer Störungen

a) akute organische psychische Störungen **mit** Bewusstseinsstörungen:

→ F05.- Delir

→ F06.2 organischer Dämmerzustand

→ amentielles Syndrom (Verwirrtheitssyndrom)

b) akute organische psychische Störungen **ohne** Bewusstseinsstörungen:

→ F06.0 organische Halluzinose

→ „Durchgangssyndrome": F04 organisches amnestisches Syndrom (Korsakow-Syndrom)

c) chronische organische psychische Störungen:

→ F00 – F03 Demenz (erworbener Intelligenzabbau)

→ nicht dementielle chronische-organische Psychosyndrome: F07.0 organische Persönlichkeitsstörung

→ außerdem frühkindliche Hirnschädigungen (prä-, peri-, postpartal)

(2.5) Leitsymptome und Wissenswertes — akute organische psychische Störungen

- **F05.- Delir**
  Bewusstseinsstörungen, Desorientiertheit, Wahrnehmungsstörungen (v. a. optische Halluzinationen, z. B. „weiße Mäuse", taktile Halluzinationen, „Dermatozoenwahn"), Denkstörungen/Wahnerleben, Gedächtnisstörungen, psychomotorische Unruhe (Nesteln, Sachen suchen), Angst, vegetative Störungen z. B. Tachykardie, Schwitzen, Tachypnoe, Händetremor, erhöhte Suggestibilität.

  Ursachen: Schädelhirntraumata, Medikamente, Intoxikationen, Infekte, Fieber, Kachexie, u. v .m.
  DD: F10.4 Delirium tremens/Alkoholentzugsdelir und F05.8 postoperatives Delir

- **F06.2 organischer Dämmerzustand**
  Beginnt meist plötzlich, dauert wenige Min., endet abrupt! → eingeengte Aufmerksamkeit, verschobene Bewusstseinslage, Amnesie, u. U. unbesonnene Handlungen wie z. B. Gewaltdelikte!

  Ursachen/Vorkommen: z. B. bei Epilepsie/pathologischem Rausch/SHT
  DD: F44.80 Ganser Syndrom (Pseudodemenz/„hysterischer Dämmerzustand")

- **Amentielles Syndrom**
  Desorientiertheit, Denkstörungen, Ratlosigkeit (Begleiterscheinung körperlich begründbarer psychischer Erkrankungen)

- **F06.0 organische Halluzinose**
  Optische/akustische Halluzinationen bei klarer Bewusstseinslage
  DD: Alkoholhalluzinose!

- **F04 Korsakow-Syndrom (amnestischer Symptomenkomplex)**
  Merkfähigkeitsstörungen, Desorientiertheit, Konfabulationen (nicht durch psychotrope Substanzen!)

- **O99.3 Schwangerschaftspsychose** (Gestations- bzw. Graviditätspsychose) – selten!

- **F53.1 Wochenbettpsychose (Puerperalpsychose)** – meist bei Frauen unter 20 Jahren/mit psychischen Erkrankungen ⇨ **Notfall!**

Therapie der akuten organischen psychische Störungen:

→ Krisenintervention

→ Abstimmung mit behandelndem Arzt

→ vor Eigen-/Fremdgefährdung schützen!!!

→ Psychopharmaka (v. a. Antidepressiva, Neuroleptika)

(2.6) Leitsymptome und Wissenswertes — chronische organische psychische Störungen

- **F06.6 organische emotional labile [asthenische] Störung**
  Konzentrations-/Merkfähigkeitsstörungen, Antriebsminderung, Misslaunigkeit, Erschöpfung

- **F07.0 organische Persönlichkeitsstörung**
  Auffällige Veränderung gewohnter Verhaltensmuster, der Affekte und Sexualität

- **F00 – F03 Demenz:** Trias: Merkfähigkeitsstörungen, Desorientiertheit, Verwirrtheit

  F00.-* Morbus Alzheimer („Demenz vom Alzheimertyp"):
  Merkfähigkeitsstörungen, Desorientiertheit, psychomotorische Unruhe (Sachen suchen), depressive Verstimmung, Sprach-/Wortfindungsstörungen, Interessenverlust.

  Verlauf: gleichmäßig progredient – **Häufigkeit:** ca. 55 % (+ 15 % Mischformen Alzheimer und vaskuläre Demenz!)

  → **früher Beginn** (Typ 2, „präsenil"): vor dem 65. Lebensjahr (rasche Verschlechterung)

  → **später Beginn** (Typ 1, „senil"): Beginn ab dem 65. Lebensjahr (langsam fortschreitend, Hauptmerkmal: Gedächtnisstörungen)

Paukbuch Heilpraktiker Psychotherapie (HPP) – effektive Vorbereitung für Prüfung & Praxis

- **F01.- vaskuläre Demenz**
  Gedächtnisverlust, intellektuelle Beeinträchtigungen, Zuspitzung der Persönlichkeit, Affektlabilität.

  Ursachen: Folge vaskulärer Krankheit/Mangelversorgung Gehirn mit Blut, „arteriosklerotische Demenz", Beginn im späteren Lebensalter

  Formen: a) akuter Beginn nach Schlaganfall

  b) Multiinfarktdemenz

  c) Morbus Binswanger/subkortikale vaskuläre Demenz.

  Verlauf: schubweise, unregelmäßig, vielgestaltiges Krankheitsbild - **Häufigkeit:** ca. 15 % (+ 15 % Mischformen Alzheimer und vaskuläre Demenz!)

- **F02.0* Demenz bei Pick-Krankheit**
  Degenerative Hirnerkrankung, vererbt, „Morbus Pick", Beginn im mittleren Lebensalter
  Persönlichkeitsänderung, Verlust sozialer Fähigkeiten, Verlust des Takts oder der Distanz, Enthemmung und Triebhaftigkeit, Beeinträchtigungen von Intellekt, Gedächtnis und Sprachfunktionen mit Apathie und Euphorie.
  Verlauf: progredient/langsam fortschreitend - **Häufigkeit:** ca. 5 %

- **F02.1* Demenz bei Creutzfeldt-Jakob-Krankheit** (durch Prionen) **Verlauf:** subakut, progredient – **Häufigkeit:** selten

- **F02.2* Demenz bei Chorea Huntington**
  degeneratives Erbleiden mit Bewegungsstörungen und Demenz, „erblicher Veitstanz", Beginn: 4. Lebensjahrzehnt
  Verlauf: langsam progredient

- **F02.3* Demenz bei primärem Parkinson-Syndrom**
  extrapyramidale Bewegungsstörung als Folge von Hirnarteriosklerose, Enzephalitis, Tumor oder Trauma, „Morbus Parkinson":
  Trias: Rigor, Tremor, Akinese

- **Weitere Erkrankungen mit Demenz:** z. B.: HIV-Krankheit, Epilepsie, M. Wilson (Störung des Kupferstoffwechsels), Schilddrüsenunterfunktion, Intoxikationen, Multiple Sklerose, Neurosyphilis (→ Progressive Paralyse bzw. Dementia paralytica) , Vitamin-B_3/B_{12}-Mangel

(2.7) Differentialdiagnose Demenz – affektive Störungen

Organische psychische Störungen unterscheiden sich von affektiven Störungen durch das Vorliegen körperlicher Befunde!

- **Körperliche Ursachen, die eine depressive Verstimmung („zu Tode betrübt") verursachen** → z. B. Herzinsuffizienz, Hypertonie (Bluthochdruck), Anämien, Leberkrankheiten, chronische Verdauungsstörungen, Fehlfunktionen der Schilddrüse, Diabetes mellitus, Arteriosklerose, Hormonentgleisungen, Medikamente.

- **Körperliche Ursachen, die eine maniforme Verstimmung („himmelhoch jauchzend") verursachen** → z. B. Epilepsie, Multiple Sklerose, Hirntumoren, Medikamenten- und Drogenabusus, Schilddrüsen- und Nebennierenrindenüberfunktionen.

Raum für eigene Notizen

Kapitel 3) Abhängigkeit bzw. psychotrope Substanzen

Abhängigkeit: ICD10 -> F10 - F19 Psychische und Verhaltensstörungen durch psychotrope Substanzen

Definition: WHO → „Ein Zustand periodischer oder chronischer Intoxikation, verursacht durch wiederholten Gebrauch einer natürlichen oder synthetischen Substanz, der für das Individuum und die Gemeinschaft schädlich ist" - lt. WHO seit 1964 Begriff „Abhängigkeit" (früher Sucht bzw. Suchterkrankungen, wird heute auch noch synonym verwandt).

(3.1) Stoffgebundene & stoffungebundene Süchte

- **Stoffgebundene Süchte:** F10.- Alkohol, F11.- Opioide, F12.- Cannabinoide, F13.- Sedativa/Hypnotika, F14.- Kokain, F15.- andere Stimulanzien (inkl. Koffein), F16.- Halluzinogene, F17.- Tabak, F18.- flüchtige Lösungsmittel u. a.

- **Stoffungebundene Süchte - Tätigkeitssüchte:** z. B. Spielsucht, Fernseh- bzw. Computersucht (auch Playstation), Sammelsucht (Messie-Syndrom), Kaufsucht (Oniomanie), Stehlsucht (Kleptomanie), Arbeitssucht (Workaholic), Sportsucht/Fitnesssucht, Sexsucht (Nymphomanie), Feuertrieb (Pyromanie) und zwanghaftes Haareausreißen (Trichotillomanie).

(3.2) Diagnose einer Abhängigkeit

- **Craving:** Ein starker Wunsch oder eine Art Zwang, ein Suchtmittel zu konsumieren
- **Kontrollverlust:** Verminderte Kontrollfähigkeit bezüglich des Beginns, der Beendigung und der Menge des Konsums des Suchtmittels
- **Entzugserscheinungen:** Ein körperliches Entzugssyndrom bei Beendigung oder Reduktion des Konsums.
- **Toleranzentwicklung:** Um die ursprünglich durch niedrigere Mengen des Suchtmittels erreichten Wirkungen hervorzurufen, sind zunehmend höhere Mengen erforderlich.
- **Vernachlässigung anderer Interessen/Pflichten:** Fortschreitende Vernachlässigung anderer Interessen u. Vergnügen zugunsten des Suchtmittelkonsums und/oder erhöhter Zeitaufwand, um die Substanz zu beschaffen, zu konsumieren oder sich von den Folgen zu erholen.
- **Fortgesetzter Konsum:** Anhaltender Substanzgebrauch trotz des Nachweises eindeutiger schädlicher Folgen (körperlicher, psychischer, sozialer Art).

> ICD-10: „**Drei oder mehr der folgenden Kriterien** sollten zusammen **mindestens einen Monat** lang bestanden haben, falls sie nur für eine kürzere Zeit gemeinsam aufgetreten sind, sollten sie **innerhalb von zwölf Monaten wiederholt** bestanden haben."

(3.3) Situation der Abhängigkeit in Deutschland

- Prävalenz: 7 % (5 % Männer, 2 % Frauen)
- ! 15 % aller Abhängigen sterben durch Suizid! Die Lebenserwartung von Abhängigen ist auch deutlich niedriger!
- Alkoholabhängigkeit: Prävalenz: 4 % (Verhältnis Männer : Frauen = 3 : 1), riskanter Konsum: 16 %, schädlicher Gebrauch: 8 %
- Bitte beachten Sie, dass diese Zahlen in der Literatur stark variieren.

(3.4) Arten der Störung durch psychotrope Substanzen lt. ICD-10

0. Akute Intoxikation: u. a. mit Bewusstseinsstörungen (z. B. akuter Rausch, pathologischer Rausch) **1. schädlicher Gebrauch:** Konsum, der zur Gesundheitsschädigung führt (z. B. depressive Episode durch Alkoholkonsum) **2. Abhängigkeitssyndrom:** bestimmte Symptome durch wiederholten Konsum (z. B. Craving, Toleranzentwicklung, körperliche Entzugssymptomatik) **3. Entzugssyndrom:** Entzugssymptomatik, evtl. Krampfanfälle!) **4. Entzugssyndrom mit Delir:** Entzugssymptomatik und Komplikation Delir (z. B. Delirium tremens) **5. Psychotische Störung:** Halluzinationen, Störungen der Psychomotorik (z. B. Alkoholhalluzinose) **6. Amnestisches Syndrom:** Störungen der Merkfähigkeit und des Zeitgefühls (z. B. Korsakow) **7. Restzustand und verzögert auftretende psychotische Störung:** längerfristige Störungen der kognitiven Fähigkeiten, Persönlichkeit und Verhalten (z. B. Alkoholdemenz, Flashbacks).

(3.5) Ursachen der Abhängigkeit

1. genetische Faktoren 2. Verhaltens-/Lernfaktoren 3. soziale Faktoren 4. komorbide (begleitende) psychische Erkrankungen

(3.6) Physische und psychische Abhängigkeit

- **Physische und psychische Abhängigkeit:** Morphin (Opiate, Heroin, Codein, Methadon), Barbiturate, Benzodiazepine, Alkohol, Nikotin.
- **Psychische Abhängigkeit:** Kokain (bei Kokainderivaten, sog. Khattyp → starke psychische und schwache physische Abhängigkeit), Halluzinogene (LSD, Mescalin), Cannabis (Haschisch, Marihuana), Amphetamine, Lösungsmittel, Koffein, Opiatantagonisten führen wie die Kokainderivate zu einer starken psychischen und schwachen physischen Abhängigkeit.

(3.7) Therapiephasen im Entzug & Prognose

- **Motivations- bzw. Kontaktphase** → Entgiftungsphase → Entwöhnungsphase → Nachsorgephase
- **Prognose:** nicht günstig! Rückfallquote (Rezidiv) nach 5 Jahren → Alkoholabhängige: 50 - 80 % → Heroinabhängige 80 - 90 %!!!

(3.8) F10.0 Alkoholrausch/akute Alkoholintoxikation

- Vergiftung von Großhirn (→ Epilepsie) und Kleinhirn (→ Ataxie) sowie Funktionseinbußen der peripheren Nerven (→ Polyneuropathien/Schädigung der Nervenbahnen durch Alkohol).
- **Promillegrenzen:**

    1,0 – 2,0 Promille: Rauschstadium
    2,0 – 3,0 Promille: Betäubungsstadium
    ab 3,0 Promille: Bewusstlosigkeit, Gedächtnisverlust, schwache Atmung, Unterkühlung, Reflexlosigkeit
    ab 4,0 Promille: Lähmungen, Koma, unkontrollierte Ausscheidungen, Atemstillstand und Tod

- **Gesetzliche Grundlagen:**
  § 316 StGB Trunkenheit im Verkehr und § 24a StVG (Straßenverkehrsgesetz): Straf- und Bußgeldvorschriften „0,5-Promille-Grenze"

(3.9) Komplikationen & Alkoholfolgeerkrankungen

- **Prädelir, Alkoholdelir:** Bewusstseinstrübung, Desorientiertheit, Situations- und Personenverkennungen, optische Halluzinationen, Akoasmen, paranoides Erleben, erhöhte Suggestibilität, Hypermotorik, vegetative Symptomatik, entwickelt sich 1 - 3 Tage nach Alkoholentzug (A-Entzugsdelir) oder aus Kontinuität des Trinkens heraus (Kontinuitätsdelir), Dauer i. d. R. 3 – 5 Tage/bis zu 20 Tage)
- **Pathologischer Rausch:** seltener, schwerer Rauschzustand nach relativ kleinen Trinkmengen: epilepsiforme Erregungszustände, Halluzinationen, Dämmerzustände, Amnesie, Dauer: Minuten bis Stunden
- **Alkoholhalluzinose:** seltener als A-Delir, Spätfolge, fehlende Bewusstseinstrübung, ängstlich-paranoide Grundstimmung, akustische Halluzinationen/beschimpfende Stimmen im Chor, Dauer Tage bis Monate!

- **Korsakow-Syndrom:** Desorientiertheit, Merkfähigkeitsstörungen, Konfabulationen (z. B. bei Durchgangssyndrom)
- **Wernicke-Enzephalopathie:** schwerste Alk-Psychose, Hirnnervenausfälle, Fieber, erhöhtes Schlafbedürfnis, lebensbedrohlicher **Notfall**, Vitamin B1-Gabe, stationäre Einweisung!
- **Alkoholembryopathie:** fetales Alkoholsyndrom, v. a. durch Alkohol im ersten Drittel der Schwangerschaft! → Minderwuchs, Mikrocephalie oder Hydrocephalie, Ptosis, Lippen-Kiefer-Gaumenspalte, Herzfehler, u. a.
- **Alkoholdemenz:** chronischer Alkoholabusus

(3.10) Prägnanztypen bzw. Alkoholikertypen nach Jellinek:

1. **Alpha-Trinker:** Konflikt- bzw. Problemtrinker, kein Kontrollverlust, abstinenzfähig 2. **Beta-Trinker:** Wochenendtrinker, kein Kontrollverlust, abstinenzfähig 3. **Gamma-Trinker:** süchtiger Trinker mit Kontrollverlust und psychischer sowie physischer Abhängigkeit bzw. zeitweiliger Unfähigkeit zur Abstinenz, häufigste Form des Alkoholismus - ca. 65 % 4. **Delta-Trinker:** Spiegel- bzw. Gewohnheitstrinker, kein Kontrollverlust, aber physische Abhängigkeit und Unfähigkeit zur Abstinenz 5. **Epsilon-Trinker:** mit Kontrollverlust und psychischer Abhängigkeit, Quartalssäufer/Dipsomanie/periodische Trunksucht

(3.11) Therapie bei Alkoholabhängigkeit

Aufklärung, Förderung von Einsicht und Therapiemotivation, stationäre Entgiftungstherapie (Entzug, Medikament Clomethiazol u. a., Dauer bis 3 Wochen), Entwöhnung mit Verhaltenstherapie (Dauer meist 12 Wochen), dauerhafte ambulante Nachsorge, Selbsthilfegruppen (z. B. AA), medikamentöse Langzeittherapie (Anticraving-Substanzen)

(3.12) F11.- Opioide:

a) **Rausch:** **Miosis**, Bewusstseinsstörungen, Obstipation, Bradykardie, Hypotonie, Hyporeflexie, zentrale Atemdepression, Zyanose, Koma → **Notfall** → Klinikeinweisung!

b) **Entzug:** nach ca. 8 Std., Höhepunkt nach 24 - 48 Std., **Mydriasis**, Kreislaufversagen!, Unruhe, Gereiztheit, Angst, Durchfall, Bauchkrämpfe, Übelkeit, Erbrechen, Polyurie, schmerzhafte Muskelkrämpfe, Tachykardie, Blutdruckanstieg, Schwitzen, Schmerzen, Niesen, Gähnen, Tränenfluss, Schlaflosigkeit, Suizidimpulse! → **Notfall** → Klinikeinweisung! → fraktionierter Entzug empfehlenswert!

(3.13) F12.- Cannabi(n)oide

Mydriasis, Tachykardie, Mundtrockenheit, heitere Euphorie, optische/akustische Illusionen bzw. Wahrnehmungssteigerungen, Flashbacks/Echopsychosen/spontane Rauschzustände auch Wochen später!

(3.14) F13.- Sedativa/Hypnotika

V. a. Benzodiazepine und Barbiturate, siehe Kapitel Psychopharmaka, fraktionierter Entzug!

(3.15) F14.- Kokain

Mydriasis, Antriebssteigerung (bei chronischem Missbrauch: Erschöpfungssymptome/Antriebsminderung), Steigerung des sexuellen Verlangens, leichte maniforme Störungen, Kachexie (Abmagerung), zerebrale Störungen im Sinne eines Delirs (Halluzinationen, Wahn → Dermatozoenwahn, Verfolgungswahn, Größenwahn), Rausch mit Euphorie, auf den aber eine depressive Verstimmung folgt, evtl. Kokainparalyse (Psychose)!

(3.16) F15.- Stimulanzien inkl. Koffein

Evtl. **Mydriasis,** „rush"!: subjektive Steigerung der körperlichen/geistigen Leistungsfähigkeit → Verminderung von Schlafbedürfnis/Appetit (evtl. auch Appetitsteigerung), Entzugssymptome: Müdigkeit, Verstimmung, Kreislaufbeschwerden, bei längerem Gebrauch evtl. schizophrenieähnliche Psychose (!) mit Zönästhesien, Halluzinationen, Verfolgungswahn

(3.17) F16.- Halluzinogene

Mydriasis, Schwindel, Übelkeit, optische Pseudohalluzinationen (psychedelische Wirkung), häufig kommt es im Anschluss an den Rauschzustand durch Halluzinogene zu Depressionen, Monate später evtl. Echopsychose!

(3.18) F17.- Tabak (Nikotin)

Spannungs- und angstlösende Effekte durch Tabak, nach wenigen Stunden Entzugssymptomatik: Ängstlichkeit, Konzentrationsstörungen, Bradykardie, Hypotonie, Hungergefühle, Depressivität.

(3.19) F18.- flüchtige Lösungsmittel

Euphorisierende Wirkung, Durchgangssyndrom (Halluzinationen, neurolog. Symptome, Bewusstlosigkeit), chron. Schädigung → ZNS-Schäden (z. B. Krampfanfälle), Leber- und Niereninsuffizienz, Herzstörung!

Raum für eigene Notizen

Kapitel 4) Schizophrenie

Schizophrenie: ICD-10 → F20.0 – F29 Schizophrenie, schizotype und wahnhafte Störungen

ICD-10: Nach der ICD-10 kann die Diagnose einer Schizophrenie dann gestellt werden, wenn bestimmte Kriterien erfüllt sind und eine **organische Hirnerkrankung oder Intoxikation z. B. mit Drogen ausgeschlossen** wurde.
Die Diagnose einer Schizophrenie kann gestellt werden, wenn mindestens **ein eindeutiges Symptom der Gruppe 1 - 4** oder mindestens **zwei** Symptome der Gruppe 5 - 9 für einen Zeitraum von **mindestens einem Monat** bestanden haben.

1. **Ich-Störungen:** Gedankenlautwerden, Gedankeneingebung, Gedankenentzug oder Gedankenausbreitung
2. **Inhaltliche Denkstörungen** in Form von Kontrollwahn, Beeinflussungswahn, Gefühl des Gemachten, Wahnwahrnehmungen
3. **Akustische Halluzinationen** in Form kommentierender, dialogischer oder anderer Stimmen, die aus einem Teil des Körpers kommen
4. Anhaltender, kulturell unangemessener oder völlig unrealistischer **(bizarrer) Wahn** (z. B. das Wetter kontrollieren zu können oder im Kontakt mit Außerirdischen zu stehen)

5. Anhaltende **Halluzinationen** jeder Sinnesmodalität
6. **Formale Denkstörungen** in Form von Gedankenabreißen oder Einschiebungen in den Gedankenfluss, was zu Zerfahrenheit, Danebenreden oder Wortneubildungen (Neologismen) führt
7. **Katatone Symptome** wie Erregung, Haltungsstereotypien oder Verharren in passiv gegebenen Körperstellungen (Flexibilitas cerea), Negativismus, Mutismus und Stupor
8. **„Negative" Symptome** wie auffällige Apathie, Sprachverarmung, verflachter oder inadäquater Affekt, zumeist mit sozialem Rückzug und verminderter sozialer Leistungsfähigkeit
9. Sehr eindeutige und durchgängige Veränderungen bestimmter umfassender Aspekte des Verhaltens, die sich in Ziellosigkeit, Trägheit, einer „in sich selbst verlorenen Haltung" und sozialem Rückzug manifestieren

Lernen Sie die Schizophrenie-Symptome der ICD10 in jedem Fall auswendig!

(4.1) Definition der Schizophrenie nach ICD-10

Die schizophrenen Störungen sind charakterisiert durch **Denkstörungen, Wahrnehmungsstörungen sowie inadäquate Affekte und Affektverflachung** (jedoch keine Bewusstseinstrübung und Intelligenzminderung!). (Anmerkung: Schizophrenie zählte früher (triadisches System) zu den endogenen Psychosen)

(4.2) Situation in Deutschland und besonders gefährdete Zielgruppen

Prävalenz: **ca. 1 %** (Männer: Frauen ca. 1 : 1), Ersterkrankungsalter Männer 15 - 25 Jahre, Frauen 25 - 35 Jahre (Östrogen als Schutz?), zweiter Häufigkeitsgipfel bei Frauen um die 40 Jahre (frühester Beginn bei der Hebephrenie). Frauen haben im Allgemeinen eine bessere Langzeitprognose, 80 % der Erkrankungen beginnen vor dem 40. Lebensjahr, die **Suizidrate liegt bei etwa 10 %!**

(4.3) Verlauf und Prognose

Meistens schubweise (Schub = akute Krankheitsphase Wochen – Monate) oder chronischer Verlauf möglich, Residualsymptome (dauerhaft bleibende Restsymptome), früher Behandlungsbeginn verbessert die Prognose; **Drittelregelung:** 1/3 Heilung bis leichte Restsymptome, 1/3 mit Restsymptomen und/oder erneuten Schüben, 1/3 chronifiziert mit schwerem Verlauf/Restsymptomen.

(4.4) Schizophrenieformen

- **paranoid-halluzinatorische Schizophrenie:** häufigste Schizophrenieform, meist nach 35./40. Lebensjahr, oft als Spätschizophrenie, Beginn meist akut, v. a. mit paranoiden Gedanken (Wahn) und (meist akustische) Halluzinationen, Ich-Störungen, häufig verschiedene Wahnsysteme, Gesamtpersönlichkeit bleibt relativ lange intakt, hohe Positivsymptomatik, relativ gute Prognose!

- **hebephrene Schizophrenie/Hebephrenie:** frühe Form, v. a. bei Jugendlichen zw. 15 - 20 Jahren, **Störungen der Affektivität, der Aktivität (Antriebsdefizit) und des Denkens** (Affektverflachung, Enthemmung, „läppische Heiterkeit", kichern, grimassieren, Faxen, Manierismen, formale Denkstörungen → assoziativ gelockertes Denken, Zerfahrenheit), soziale Isolation, soziales Fehlverhalten, hohe Negativsymptomatik: **schlechte Prognose!**

- **katatone Schizophrenie/Katatonie:** Störungen der Psychomotorik prägend (Stupor bis katatoner Erregungszustand, oft im Wechsel), Antriebsstörungen, Befehlsautomatismen, Negativismus, Katalepsie (Zwangshaltungen), Mutismus (psychogenes Schweigen/Unfähigkeit zu sprechen bei intaktem Sprechvermögen), günstige Prognose (kann sich relativ rasch wieder zurückbilden) Sonderform: **perniziöse** (febrile) **katatone Schizophrenie** mit Fieber, Exsikkose (Austrocknung) und Kreislaufstörungen: **Notfall!**

- **schizophrenes Residuum: Restsymptome/Residualzustände** bzw. **chronisches Stadium** mit Persönlichkeitsveränderung und prägender **Negativsymptomatik:** psychomotorische Verlangsamung, Verminderung der Aktivität, Affektverflachung, verminderte Mimik und Gestik, Verarmung der Sprache, soziale Isolation bzw. autistischer Rückzug von Sozialkontakten, **Vernachlässigung der Körperpflege**
- **Schizophrenia simplex: chronisch** verlaufende Form (schleichender Krankheitsbeginn), relativ selten und schwer zu diagnostizieren, da relativ symptomarm, Negativsymptomatik, **schlechte Prognose!** (Ausschlussdiagnose)

(4.5) Auslöser

Genetische **Veranlagung** (v. a. Zwillinge, Kinder, Geschwister), **Vulnerabilitäts-Stress-Modell** → äußere Belastungsfaktoren (Konflikte, Drogenkonsum, u. a.), Veränderungen **Neurotransmitter** (Dopamin, Glutamat, Serotonin)

(4.6) Therapie der Schizophrenie

Psychopharmaka: Neuroleptika bei akutem Schub und als Schubprophylaxe, Benzodiazepine bei Erregung

Psychotherapie: während akutem Schub stützende, entängstigende, realitätskorrigierende Funktion, zur Langzeitbehandlung Patienten- und Medikamentencompliance fördern, rezidivprophylaktische Verhaltensstrategien lernen), **Sozio-/Rehabilitationstherapie** (v. a. bei Negativsymptomatik) → **Überstimulation vermeiden!**

Raum für eigene Notizen

Kapitel 5) Bipolare affektive Störungen

Bipolare affektive Störungen: **60 %** d. rezidivierenden affektiven Störungen unipolar depressiv, **35 %** bipolar, **5 %** unipolar manisch)

(5.1) F30.- manische Episode: Symptome mindestens 1 Woche!

- → gehobene Stimmung/Affektüberschuss, Antriebssteigerung, keine Krankheitseinsicht, Beschäftigungsdrang, Ideenflucht, Selbstüberschätzung, Größenideen (Wahnvorformen), Schlafstörungen, Patienten sind „unerträglich gut drauf"!
- **F30.2 Manie mit psychotischen Symptomen** → zusätzlich Wahn (Größen-/Verfolgungswahn) oder Halluzinationen (zumeist Stimmen, die unmittelbar zum Betroffenen sprechen)!

(5.2) F30.0 Hypomanie: Symptome wenigstens einige Tage!

- → „Manie light", anhaltende, leicht gehobene Stimmung, gesteigerter Antrieb/Aktivität, gesteigerte Geselligkeit, Gesprächigkeit, übermäßige Vertraulichkeit, gesteigerte Libido, vermindertes Schlafbedürfnis, teilweise Reizbarkeit, Selbstüberschätzung und flegelhaftes Verhalten.

(5.3) F31.- bipolar affektive Störung

- → phasischer Verlauf mit depressiven, manischen oder hypomanischen und recht oft auch gemischten Episoden („affektive Mischepisode"). Zwischen den Krankheitsepisoden i. d. R. Besserung.

(5.4) F34.0 Zyklothymia   Symptome mindestens 2 Jahre!

- → dauerhafte Instabilität der Stimmung mit zahlreichen Perioden von Depression und leicht gehobener Stimmung (Hypomanie), von denen aber keine ausreichend schwer und anhaltend genug ist, um die Kriterien für eine bipolare affektive Störung (F31.-) oder rezidivierende depressive Störung (F33.-) zu erfüllen.
- Die Stimmungsschwankungen treten unabhängig von Lebensereignissen auf.

(5.5) Verlauf und Therapie

- **Bipolar I:** 7 - 14 Tage manische Episode gefolgt von depressiver/n Episode/n
- **Bipolar II:** mindestens 14 Tage depressive Episode gefolgt von hypomanischer/n Episode/n
- **Sonderform Rapid Cycling:** sehr rascher Phasenwechsel mit mehr als 4 Phasen in 12 Monaten
- **Switching:** übergangsloser Wechsel zwischen Manie (auch Hypomanie) und Depression
- **Wichtig:** Vor Diagnosestellung müssen psychotrope Substanzen und körperliche Erkrankungen ausgeschlossen werden!
- Bei einer akuten affektiven Störung ist Psychotherapie kontrainduziert! → Behandlung medikamentös durch Psychiater!
- **Therapie:** akut meist stationäre Therapie, Phasenprophylaktika, v. a. Lithium (Manie) & Antidepressiva (Depression)

Raum für eigene Notizen

Kapitel 6) Depressionen

Depressionen: ICD-10 -> Kapitel F31: Bipolare affektive Störung, F32: Depressive Episode, F33: Rezidivierende depressive Störung, F34.1: Dysthymia, F43: Depressive Reaktion (kürzere: bis 1 Monat, längere: bis 2 Jahre), F06: organische depressive Störung (Typisierung in der ICD-10 anhand Symptomatik, Schweregrad, Krankheitsdauer und Rückfallrisiko)

Definition: Eine Depression (lat. deprimere = niederdrücken) geht mit Antriebsminderung und dem Gefühl der Gefühllosigkeit einher (andere und ältere Begriffe, die teilweise synonym verwendet werden: Niedergeschlagenheit, „zu Tode betrübt", Melancholie, depressive Episode, Major depression, „endogene Depression")

(6.1) Situation in Deutschland

Lebenszeitrisiko: 4 - 12 % der Männer und 12 - 26 % der Frauen (durchschnittlich ca. 15 - 18 %) erkranken an Depressionen; Verhältnis Frauen : Männer = 2 : 1, Erstmanifestation 20. - 70. Lebensjahr (2 Häufigkeitsgipfel): zwischen 20 und 29 Jahren sowie 50 und 59 Jahren (unipolare Depressionen beginnen später als bipolare Depressionen).

(6.2) Wie kommt es zu Depressionen?

Mit Auslöser: z. B. Verlust eines Angehörigen → „psychisch-reaktiv" oder
ohne Auslöser: durch organische Erkrankungen, Veränderungen von Neurotransmittern im Gehirn

(6.3) häufige Symptomatik bei Depressionen   mindestens 2 Hauptsymptome plus mindestens 2 Zusatzsymptome > 2 Wochen

Hauptsymptome: gedrückte, depressive Stimmung, Interessenverlust, Freudlosigkeit, Antriebsmangel, erhöhte Ermüdbarkeit.

Zusatzsymptome: verminderte Konzentration und Aufmerksamkeit, vermindertes Selbstwertgefühl und Selbstvertrauen, Schuldgefühle, Wertlosigkeit, negative, pessimistische Zukunftsperspektiven, Suizidgedanken/-handlungen, Schlafstörungen (Früherwachen/Morgentief), Appetitminderung.

(6.4) weitere Symptomatik bei Depressionen

Psychopathologische Symptomatik: Verlangsamtes, gehemmtes Denken, Grübeln, Krankheits-, Schuld-, Verarmungs- oder nihilistischer Wahn, diffuse Ängste, verarmte Psychomotorik.

Körperliche Symptomatik: Vitalstörungen (Verminderung der körperlichen Frische und Energie), Schlaf- und Sexualstörungen (Morgentief!), Übelkeit, Appetitlosigkeit, Gewichtsverlust, Obstipation, ubiquitäres Schmerzempfinden (Kopf, Herz, Brust).

(6.5) Verlauf und Prognose der Depressionen

Depressionen verlaufen in Episoden bzw. Phasen (Wochen bis Monate), 60 % rezidivierend, 10 - 20 % chronisch (> 2 Jahre), Residualsymptomatik möglich, hohe Suizidalität (20 - 60 % unternehmen Suizidversuche)!

(6.6) Depressionsformen

- **„Endogene Depression":** deutlich abgesetzte Phasen, Gefühl der Gefühllosigkeit, formale (Denkverlangsamung) und inhaltliche Denkstörungen, Wahnideen, Ich-Störungen (Gedankenentzug), Schlafstörungen (Morgentief! bzw. Besserung der Symptome im Laufe des Tages), Konzentrationsstörungen, Schuldgefühle, Suizidgedanken, hypomane Nachschwankungen am Ende einer Phase, jahreszeitliche Schwankungen (Verschlimmerung im Frühjahr und Herbst). Persönlichkeitsstruktur des Patienten ist einem Außenstehenden sehr fremd.
- **„Neurotische Depression" (Dysthymia):** Konflikt in der Kindheit/orale Fixierung, Abendtief! meist ab dem 30. Lebensjahr, Phasen und jahreszeitliche Schwankungen selten.
- **SAD:** saisonal abhängige Depression = Herbst-/Winterdepression
- **Larvierte bzw. maskierte Depression:** körperliche Störungen stehen im Vordergrund und sind Ausdruck der Depression
- **Involutionsdepression:** Spätdepression
- **Wochenbettdepression:** postpartale Depression
- **depressive Reaktion:** akute Belastungsreaktion
- **reaktive Depression:** z. B. Trauer, die sich zu lange hinzieht
- **organische Depression:** Medikamente, Stoffwechsel, Tumoren

(6.7) Komorbidität (Begleiterkrankungen bei Depressionen)

Angst- und Panikstörungen, Suchterkrankungen, Persönlichkeitsstörungen (v. a. narzisstische P., histrionische P., Borderline), Zwangsstörungen, Essstörungen (Anorexia Nervosa/AN, Bulimia Nervosa/BN)

(6.8) Therapie bei Depressionen

Medikamentös → Antidepressiva (Wirklatenzzeit!), Responderquote 1/3 – 2/3!, Erhaltungszeitraum 6 – 12 Monate (Frührezidiv!); Psychotherapie, Schlafentzugstherapie, Lichttherapie (SAD), Elektrokrampftherapie (schwer & psychotisch)

(6.9) Wichtig bei Depressionen!

Suizidalität immer ansprechen! Hinweisende Symptome können sein: Hoffnungslosigkeit, fehlende Zukunftsperspektiven, Selbstanklage und Schuldgefühle, starke Denkeinengung (Ringel), Agitiertheit, anhaltende Schlafstörungen, Gewichtsverlust, Suizidversuche in der Vergangenheit oder Familienanamnese, Suizidabsichten.

Achtung bei antriebssteigernden Medikamenten zu Beginn und Ende einer depressiven Episode: Suizidgefahr!

Raum für eigene Notizen

Kapitel 7) Neurotische, Belastungs- & somatoforme Störungen

Neurotische, Belastungs- und somatoforme Störungen: ICD-10 -> Kapitel F40 - F48

(7.1) Neurose vs. Psychose

- **Neurosen** sind psychische Störungen aufgrund eines frühkindlichen Konfliktes, die sich im späteren Leben einschränkend auswirken. Krankheitseinsicht und Geschäftsfähigkeit bleiben erhalten, Pat. erlebt seine Krankheit bewusst (frühkindlicher Entwicklungskonflikt → Auslöser → Angst → Abwehr → Symptome)

- **Psychosen** dagegen sind Geisteskrankheiten mit struktureller Veränderung des Erlebens. Die Krankheitseinsicht und Geschäftsfähigkeit bleiben im akuten Schub nicht erhalten und ein normales Leben ist nicht mehr möglich. Die Elementarfunktionen sind gestört.

(7.2) Zwang

Wiederkehrende Zwangsgedanken und Zwangshandlungen, die sich immer wieder aufdrängen, obwohl der Pat. die Unsinnigkeit erkennt und einsieht (z. B. Waschzwang, Kontrollzwang, Zählzwang und Putzzwang).

(7.3) Angst

Reaktion des vegetativen Nervensystems auf eine bedrohliche Situation oder ein bedrohliches Ereignis.

- **körperliche Symptome:** Tachykardie (Herzrasen), Hypertonie (hoher Blutdruck), Tachypnoe (schnelle Atmung), Mydriasis (Pupillenerweiterung), Hyperhidrose (Schwitzen), Tremor (Zittern) und Insomnie (Schlafstörungen).

- **psychische Symptome:** Unsicherheit, Kontrollverlust, Gefühl ausgeliefert zu sein, sich beobachtet fühlen, Versagensangst, Minderwertigkeitsgefühl, Angst vor der Angst (Phobophobie) und Erwartungsangst.

(7.4) Angst- & Panikstörungen

- **Phobien:** Patient weiß, wovor er Angst hat und kann sie vermeiden
    1. Agoraphobie: Angst vor weiten Plätzen
    2. soziale Phobie: Angst vor sozialen Situationen
    3. spezifische Phobien: vor Objekten oder Situationen
- **Panikstörung:** immer wieder schwere Angstattacken, Pat. kann aber nicht sagen, wovor er Angst hat
- **generalisierte Angststörung:** die Angst ist ständig da/frei flottierende Angst, die > 6 Monate anhält
- ⇨ **Therapie bei Angststörungen** → Verhaltenstherapie (Reizüberflutung/Flooding und systematische Desensibilisierung).

(7.5) Phobien

F40.- phobische Störungen → Störungen, wo Angst durch bestimmte, ungefährliche Situationen/Objekte hervorgerufen wird.

1. F40.0 Agoraphobie (agora = Markt) → Angst vor weiten Plätzen bzw. Angst, in Situationen zu kommen, aus denen man nicht entfliehen kann und die damit verbundene Befürchtung, das Haus zu verlassen, Geschäfte zu betreten, in Menschenmengen und auf öffentlichen Plätzen zu sein, alleine mit Bahn, Bus oder Flugzeug zu reisen. Körperliche Angstsymptomatik! **Merke:** häufig zusätzlich Panikstörung sowie depressive und zwanghafte Symptome!

2. F40.1 soziale Phobie → Furcht vor prüfender Betrachtung durch andere Menschen, Vermeidung sozialer Situationen (z. B. eine Rede halten, an Familienfesten teilnehmen). Körperliche Symptome: Erröten, Händezittern, Übelkeit, Drang zum Wasserlassen. Soziale Phobien können mit Panikstörungen einhergehen.

3. F40.2 spezifische (isolierte) Phobien → Phobien, die auf bestimmte Situationen oder Objekte (wie Nähe von bestimmten Tieren, Höhen, Donner, Dunkelheit, Fliegen, geschlossenen Räumen, Urinieren oder Defäkieren auf öffentlichen Toiletten, Genuss bestimmter Speisen, Zahnarztbesuch oder auf den Anblick von Blut oder Verletzungen) beschränkt sind. Können ebenfalls Panikzustände herbeiführen.

(7.6) F41.0 Panikstörung [episodisch paroxysmale Angst] Dauer: ca. bis 10 – 30 min

Anfallsweise Angst (schwere Angstattacken), die nicht situationsgebunden ist (man kann sie also schlecht vermeiden) und ausgeprägte körperliche Symptome: plötzlich auftretendes Herzklopfen, Brustschmerz, Erstickungsgefühle, Schwindel und Entfremdungsgefühle (Depersonalisation oder Derealisation). Oft entsteht sekundär auch die Furcht zu sterben, vor Kontrollverlust oder die Angst, wahnsinnig zu werden.

(7.7) F41.1 generalisierte Angststörung anhaltend über mindestens 6 Monate

„Angstneurose" mit generalisierter, frei flottierender Angst. Körperliche Angstsymptome: ständige Nervosität, Zittern, Muskelspannung, Schwitzen, Benommenheit, Herzklopfen, Schwindelgefühle oder Oberbauchbeschwerden. Häufig wird die Befürchtung geäußert, der Patient selbst oder ein Angehöriger könnten demnächst erkranken oder einen Unfall haben.

(7.8) Zwang

- **F42.0 vorwiegend Zwangsgedanken oder Grübelzwang** → zwanghafte Ideen, Zwangsimpulse. (DD: Grübelzwang bei Depressionen!)
- **F42.1 vorwiegend Zwangshandlungen [Zwangsrituale]** → Rituale als Versuch, Gefahr abzuwenden (z. B. Zählzwang)

(7.9) Belastungsstörungen

- **F43.- Reaktionen auf schwere Belastungen und Anpassungsstörungen** → psychogene Reaktionen auf akute oder chronische Belastungen (belastende Lebensereignisse, besondere Veränderungen im Leben).

- **F43.0 akute Belastungsreaktion** → vorübergehende Störung (Stunden bis Tage), die sich bei einem psychisch gesunden Menschen als kurzzeitige Reaktion auf eine außergewöhnliche physische oder psychische Belastung (z. B. Todesfall in der Familie) äußert. Früher: „Nervenzusammenbruch".

- **F43.1 posttraumatische Belastungsstörung (PTB)** → verzögerte Reaktion auf ein belastendes Ereignis mit außergewöhnlicher Bedrohung oder katastrophenartigem Ausmaß (z. B. ein Flugzeugabsturz oder KZ-Aufenthalt), tritt meist nach einer Latenz von Wochen bis Monaten nach dem Ereignis/Trauma auf und geht mit Flashbacks, Alpträumen, Rückzugsverhalten und Gefühl von „Betäubtsein" einher.

- **F43.2 Anpassungsstörungen** → gesunde Menschen können bei Änderung des sozialen Gefüges innerhalb weniger Monate Anpassungsstörungen ausbilden (dauern max. 6 Monate, bei depressiven Anpassungsstörungen jedoch auch bis zu 2 Jahre). Symptome: depressive Stimmung, Angst oder Sorge (bei Jugendlichen Störungen des Sozialverhaltens).

- **Therapie bei Belastungsstörungen** → Traumatherapie, Angstmanagement, Entspannungstechniken

(7.10) F44.- dissoziative Störungen [Konversionsstörungen]

Körperliche Symptome haben Ausdruckscharakter für psychische Störungen, kein organischer Befund zu erheben (Bsp.: Eine Hausfrau, deren Ehemann fremdgeht, wird plötzlich blind („sie will etwas nicht sehen"), ohne dass ein körperlicher Befund vorliegt.). **Symptome:** Orgasmusstörungen, Dämmerzustände oder Amnesien, Lähmungen, Sehstörungen, Taubheit, Stimmlosigkeit. *(DD: [bewusste Simulation] (Z76.8): Pat. täuscht Krankheitssymptome vor!)*

- **F44.0 dissoziative Amnesie** → Verlust der Erinnerung für meist wichtige aktuelle, traumatische Ereignisse (z. B. Unfälle oder unerwartete Trauerfälle), i. d. R. unvollständig und selektiv.

- **F44.1 dissoziative Fugue** → zielgerichtete Ortsveränderung („Weggehen") mit Kennzeichen einer dissoziativen Amnesie (F44.0). Obwohl für die Zeit der Fugue eine Amnesie besteht, kann das Verhalten des Patienten während dieser Zeit auf unabhängige Beobachter vollständig normal wirken.

- **F44.2 dissoziativer Stupor** → Erstarrung durch kurz vorhergegangene belastende Ereignisse oder Probleme.

- **F44.3 Trance- und Besessenheitszustände** → zeitweiliger Verlust der persönlichen Identität und der vollständigen Wahrnehmung der Umgebung (außerhalb von religiösen oder kulturell akzeptierten Situationen).

- **F44.4 dissoziative Bewegungsstörungen** → vollständiger oder teilweiser Verlust der Bewegungsfähigkeit eines oder mehrerer Körperglieder (große Ähnlichkeit mit Ataxie, Apraxie, Akinesie, Aphonie, Dyskinesie, Anfällen, Lähmungen).

- **F44.5 dissoziative Krampfanfälle** → können epileptischen Anfällen bezüglich ihrer Bewegungen sehr stark ähneln (Zungenbiss, Verletzungen beim Sturz oder Urininkontinenz sind jedoch selten), stupor- oder tranceähnlicher Zustand.

- **F44.6 dissoziative Sensibilitäts- und Empfindungsstörungen** → Taubheitsgefühl oder Kribbeln in unterschiedlichen Hautarealen, oder Pat. kann plötzlich nichts mehr sehen, hören, riechen oder schmecken.

- **F44.80 Ganser-Syndrom** → „Pseudodemenz", „Pseudodebilität", oder „hysterischer Dämmerzustand" Pat. werden für „verrückt" oder „dumm" gehalten, kann zu schulischem, beruflichem, sozialem Versagen und damit zur Isolation führen.

- **F44.81 multiple Persönlichkeit(sstörung)** → Pat. lebt zu verschiedenen Zeiten verschiedene Rollen aus, ohne dass er die Eigenschaften dieser Rollen einer (widersprüchlichen) Gesamtpersönlichkeit zuordnet (dissoziative Identitätsstörung).

(7.11) F45.- somatoforme Störungen

- Pat. klagen über funktionelle organische Störungen in ein bis mehreren Organsystemen, wobei die Symptome nicht körperlich begründbar (ärztlich nicht nachzuweisen) sind.

- **Holy Seven** → Magen-/Zwölffingerdarm-Geschwür, Colitis ulcerosa, Neurodermitis, Asthma, Bluthochdruck, Schilddrüsenüberfunktion und rheumatoide Arthritis.

  Weitere Erkrankungen aus dem psychosomatischen Formenkreis:
  Anorexia Nervosa, Herzneurose (Herzangstphobie), Hyperventilationstetanie.

(7.12) Unterscheidung der somatoformen Störungen

- **F45.0 Somatisierungsstörung** → multiple, wiederholt auftretende und häufig wechselnde körperliche Symptome (ohne körperlichen Befund), die wenigstens zwei Jahre bestehen.

- **F45.2 hypochondrische Störung** → beharrliche Beschäftigung mit der Möglichkeit, an einer oder mehreren schweren und fortschreitenden körperlichen Krankheiten zu leiden. Normale oder allgemeine Körperwahrnehmungen und Symptome werden von dem betreffenden Patienten oft als abnorm und belastend interpretiert und die Aufmerksamkeit ist meist auf nur ein oder zwei Organe oder Organsysteme des Körpers fokussiert. Depression und Angst häufig zusätzlich.

- **F45.3 somatoforme autonome Funktionsstörung** → vorwiegend ein Organsystem betroffen:

    a) Herzklopfen, Schwitzen, Erröten, Zittern als Ausdruck der Furcht vor und Beeinträchtigung durch eine(r) somatische(n) Störung.

    b) subjektive Beschwerden unspezifischer und wechselnder Natur, wie flüchtige Schmerzen, Brennen, Schwere, Enge und Gefühle, aufgebläht oder auseinander gezogen zu werden, die vom Patienten einem spezifischen Organ oder System zugeordnet werden.

(7.13) Krankheitsbilder der somatoformen autonomen Funktionsstörung

Da-Costa-Syndrom: Angst, an einer bedrohlichen Herzerkrankung zu leiden, **Magenneurose:** Pat. glaubt an einer Magenerkrankung zu leiden und schildert Druckgefühl, Brennen, Appetitstörungen, Völlegefühl, usw., **Neurozirkulatorische Asthenie:** Beklemmung oder Stiche in der Herzgegend, Herzrasen, Müdigkeit, Schwindelgefühl sowie „Lufthunger" mit Seufzeratmung und anfallsweise Hyperventilation (evtl. gefolgt von Tetanie).

Außerdem psychogene Formen von: **Aerophagie** (Luftschlucken), **Colon irritabile** (Reizdarmsyndrom), **Diarrhoe** (Durchfall), **Dyspepsie** (Reizmagen), **Dysurie** (unangenehme, erschwerte oder schmerzhafte Blasenentleerung), **erhöhte Miktionshäufigkeit** (Blasenentleerung), **Flatulenz** (Blähungen), **Husten, Hyperventilation, Pylorospasmen** (Krampf des Magenpförtners (Pylorus)), **Singultus** (Schluckauf).

(7.14) weitere somatoforme Störungen

- **F45.4 anhaltende Schmerzstörung** → vorherrschende Beschwerde ist ein andauernder, schwerer und quälender Schmerz der nicht durch physiologische Prozesse oder eine körperliche Störung vollständig erklärbar ist, in Verbindung mit emotionalen Konflikten oder psychosozialen Problemen auftritt und die Konflikte und Probleme sind so schwerwiegend, dass sie als entscheidende ursächliche Einflüsse gelten können.

- **F45.8 sonstige somatoforme Störungen** → **Dysmenorrhoe** (schmerzhafte Menstruation), **Dysphagie** (Schluckstörung), einschließlich **"Globus hystericus"** (Globusgefühl), **Pruritus** (Juckreiz), **Torticollis** (Schiefhals bzw. Schiefhaltung des Kopfes), **Bruxismus** (Zähneknirschen).

(7.15) F48.0 Neurasthenie

- Ermüdungssyndrom

    Form 1: rasche (vermehrte) Müdigkeit nach geistigen Anstrengungen mit abnehmender Arbeitsleistung und Konzentrationsschwäche.
    Form 2: Gefühle körperlicher Schwäche und Erschöpfung nach nur geringer Anstrengung, muskuläre und anderen Schmerzen.

(7.16) F48.1 Depersonalisations- und Derealisationssyndrom

Entfremdung vom Denken, Körper oder von der Umgebung.

Kapitel 8) Verhaltensauffälligkeiten

Verhaltensauffälligkeiten mit körperlichen Störungen und Faktoren: ICD-10 -> Kapitel F50 - 59

(8.1) Essstörungen

- **F50.0 Anorexia Nervosa** → „Magersucht", ernstzunehmende, psychosomatische Krankheit mit dem Zwang, das Essen zu verweigern und der wahnhaften Befürchtung, zu dick zu sein (trotz Untergewicht/BMI <17,5).

  Zu den Symptomen gehören eingeschränkte Nahrungsauswahl (verminderte Kalorienzufuhr), übertriebene körperliche Aktivitäten (exzessiver Sport), selbstinduziertes Erbrechen sowie Abführen mit Diuretika (Abführmittel, Entgleisung) und Gebrauch von Appetitzüglern → Kaliumverluste → lebensbedrohlich!). Häufig finden wir eine Obstipation (keine Nahrung → Obstipation → Abführmittel) und Amenorrhoe. Häufig bei jungen Mädchen und Frauen. **Therapie:** stationäre Klinikeinweisung, systemische/Familientherapie **(Suizidrisiko!)**

- **F50.2 Bulimia Nervosa** → Essstörung mit wiederholten Anfällen von Heißhunger und einer übertriebenen Beschäftigung mit der Kontrolle des Körpergewichts. Dies führt zu (Fr)Essanfällen (erstaunliche Mengen von Nahrungsmitteln werden verschlungen - „Ochsenhunger") und Erbrechen (um nicht zuzunehmen) oder Gebrauch von Abführmitteln (damit auch nichts im Darm bleibt was resorbiert werden könnte). Pat. haben normales bis Übergewicht. Häufig im 20. - 30. Lebensjahr.

- **F50.8 sonstige Essstörungen** → Pica bei Erwachsenen (krankhafte Essgelüste): Abnormität des Appetits auf Ungewöhnliches, Ungenießbares, Widerliches oder Ekeliges (Insekten, Kot, Staub, Erde, Steine, Asche, Gras, Farben, Kalk, Haare, Papier, Textilien, Gips, Kreide, Zement, Seife, Schaumstoff, Gummi, Kohle, Zündhölzer, Blei, Zigaretten u. a.).

(8.2) F51.- nichtorganische Schlafstörungen

Nur Schlafstörungen mit emotionalen Ursachen als primärer Faktor

- **F51.0 nichtorganische Insomnie** → Schlaflosigkeit oder das Gefühl nicht genügend erholsam zu schlafen, Prävalenz etwa 25 %, häufig im Zusammenhang mit Belastungssituationen bei Frauen ab 40, älteren Menschen (Männer ab 60) und sozial benachteiligten Gruppen.

- **F51.1 nichtorganische Hypersomnie** → entweder exzessive Schläfrigkeit während des Tages und Schlafattacken (die nicht durch eine inadäquate Schlafdauer erklärbar sind) oder durch verlängerte Übergangszeiten bis zum Wachzustand nach dem Aufwachen.

- **F51.3 Schlafwandeln [Somnambulismus]** → Zustand veränderter Bewusstseinslage, in dem Phänomene von Schlaf und Wachsein kombiniert sind. Während einer schlafwandlerischen Episode verlässt die betreffende Person das Bett, häufig während des ersten Drittels des Nachtschlafes, geht umher, zeigt ein herabgesetztes Bewusstsein, verminderte Reaktivität und Geschicklichkeit. Nach dem Erwachen besteht meist keine Erinnerung an das Schlafwandeln mehr.

- **F51.4 Pavor nocturnus** → nächtliche Episoden äußerster Furcht und Panik mit heftigem Schreien, Bewegungen und starker autonomer Erregung. Die betroffene Person setzt sich oder steht mit einem Panikschrei (Initialschrei) auf, gewöhnlich während des ersten Drittels des Nachtschlafes. Nach dem Erwachen fehlt die Erinnerung an das Geschehen oder ist auf ein oder zwei bruchstückhafte bildhafte Vorstellungen begrenzt.

- **F51.5 Albträume [Angstträume]** → Traumerleben voller Angst oder Furcht, sehr detaillierte Erinnerung an Trauminhalt.

(8.3) F52.- sexuelle Funktionsstörungen, nicht verursacht durch eine organische Störung oder Krankheit

Sexuelle Funktionsstörungen verhindern gewünschte sexuelle Beziehung → psychosomatische Prozesse

- **F52.0 Mangel oder Verlust von sexuellem Verlangen** → früher „Frigidität"

- **F52.1 sexuelle Aversion und mangelnde sexuelle Befriedigung** → sexuelle Partnerbeziehungen mit großer Furcht oder Angst verbunden, so dass sexuelle Aktivitäten vermieden werden (sexuelle Aversion) oder sexuelle Reaktionen verlaufen normal und ein Orgasmus wird erlebt, aber ohne die entsprechende Lust daran (Mangel an sexueller Befriedigung).

- **F52.2 Versagen genitaler Reaktionen** → bei Männern Erektionsstörung (Schwierigkeit, eine für einen befriedigenden Geschlechtsverkehr notwendige Erektion zu erlangen oder aufrecht zu erhalten). Bei Frauen mangelnde oder fehlende vaginale Lubrikation (zu trockene Scheide).

- **F52.3 Orgasmusstörung** → der Orgasmus tritt nicht oder nur stark verzögert ein.

- **F52.4 Ejaculatio praecox** → vorzeitige Ejakulation, Geschlechtsverkehr ist nicht für beide Partner befriedigend

- **F52.5 nichtorganischer Vaginismus** → Spasmus (Krampf) der die Vagina umgebenden Beckenbodenmuskulatur, ein Eindringen des Penis ist unmöglich oder schmerzhaft. Therapie: Masters und Johnson-Therapie.

- **F52.6 nichtorganische Dyspareunie** → Schmerzen während des Sexualverkehrs

- **F52.7 gesteigertes sexuelles Verlangen** → früher „Nymphomanie"

(8.4) F53.- psychische oder Verhaltensstörungen im Wochenbett

- F53.0 leichte psychische und Verhaltensstörungen im Wochenbett → z. B. postnatale bzw. postpartale Depression
- F53.1 schwere psychische und Verhaltensstörungen im Wochenbett → z. B. Puerperalpsychose (schwerwiegendste psychiatrische Komplikation im Wochenbett, **Notfall!**)

(8.5) F54 psychologische Faktoren oder Verhaltensfaktoren bei anderenorts klassifizierten Krankheiten

Psychische Faktoren und Verhaltenseinflüsse, die eine wesentliche Rolle in der Ursache körperlicher Krankheiten spielen, die in anderen Kapiteln der ICD-10 klassifiziert werden. Die sich hierbei ergebenden psychischen Störungen sind meist leicht, oft lang anhaltend (wie Sorgen, emotionale Konflikte, ängstliche Erwartung) und rechtfertigen nicht die Zuordnung zu einer der anderen Kategorien des Kapitels V.

(8.6) Beispiele für körperliche Störungen mit psychischen Faktoren, die anderenorts klassifiziert werden:

Ulcus duodenie F54 und K26 (Zwölffingerdarmgeschwür), Morbus Crohn F54 und K50 (chronische Darmentzündung), Colitis ulcerosa F54 und K51.- (chronische Dickdarmentzündung), Dermatitis F54 und L23 - L25 (entzündliche Reaktion der Haut), Neurodermitis F54 und L20 (Hauterkrankung, chronische Entzündung mit Juckreiz), Magenulkus F54 und K25.- (Magengeschwür), Chronische Polyarthritis F54 und M05 oder M06 (chronische Gelenkentzündung), Autoimmunhyperthyreose F 54 + E 05 (Morbus Basedow – Autoimmunerkrankung der Schilddrüse mit Schilddrüsenüberfunktion), Essentielle Hypertonie F 54 + I 10 (Bluthochdruck), Urticaria F 54 + L 50.- (Nesselsucht), Tinnitus F 54 + H 93.1 (Ohrgeräusche), Migräne F 54 + G 43, Cluster-Kopfschmerz F 54 + G 44.0, Diabetes-mellitus F 54 + E 10 - 14, Asthma bronchiale (F54 und J45.-)

(8.7) F55.- schädlicher Gebrauch von nichtabhängigkeitserzeugenden Substanzen

Substanzen, die keine Abhängigkeit hervorrufen (z. B. Antidepressiva, Laxanzien (Abführmittel), Analgetika (Schmerzmittel), die ohne ärztliche Verordnung erworben werden können, z. B. Aspirin und Paracetamol)

Kapitel 9) Persönlichkeits- und Verhaltensstörungen

Persönlichkeits- und Verhaltensstörungen: ICD-10 -> Kapitel F60 - F69

Definition Persönlichkeitsstörung → schwere Störungen der Persönlichkeit und des Verhaltens, unter denen der Patient selbst (ernsthafte Leidenszustände) oder seine Umwelt (Konflikte) leidet. Das Ausleben sozial auffälliger Verhaltensweisen ist für andere Menschen äußerst unangenehm und häufig mit einem sozialen Rückzug verbunden. Früher wurden die Persönlichkeitsstörungen Charakterneurosen oder Psychopathien genannt.

(9.1) Big-Five-Modell

Big-Five-Modell bzw. Fünf-Faktoren-Modell (FFM) aus der Persönlichkeitspsychologie beschreibt die fünf Hauptdimensionen der Persönlichkeit → **N**eurotizismus (entspannt → überempfindlich), **E**xtraversion (kontaktfreudig → zurückhaltend), **O**ffenheit (kreativ → phantasielos), **V**erträglichkeit (friedfertig → streitsüchtig), **G**ewissenhaftigkeit (gründlich → nachlässig) – **Merke: NEOVG!**

(9.2) Ursachen von Persönlichkeitsstörungen

Genetische Faktoren, frühkindliche Hirnschäden, schwierige Kindheit, psychosoziale Faktoren

(9.3) Verlauf und Prognose

- 1/3 der Erkrankungen verlaufen günstig und mit ausreichender Lebensbewältigung, 1/3 kompromisshafte Lebensbewältigung, 1/3 ungünstiger Verlauf. Die Persönlichkeitsmerkmale bleiben im Laufe des Lebens qualitativ weitgehend unverändert. Mit fortschreitendem Alter schwächen sich die Merkmalausprägungen ab.
- Komorbidität (Begleiterkrankung) → Suchterkrankungen

(9.4) Persönlichkeitsstörungen

F60.0 paranoide Persönlichkeitsstörung: Misstrauen, Argwohn, übertriebene Empfindlichkeit, streitsüchtiges Beharren auf vermeintliche Rechte, pathologische Eifersucht, Erlebnisse werden meist als gegen die eigene Person gerichtet empfunden („alle arbeiten gegen mich").

F60.1 schizoide Persönlichkeitsstörung: kühl, abweisend, überempfindlich, kann sich nicht anpassen, Neigung zur Vereinsamung/Einzelgänger, exzentrisch, kann sehr schlecht Gefühle ausleben und Freude erleben (Anhedonie).

F60.2 dissoziale Persönlichkeitsstörung („Soziopathie"): verantwortungsloses, antisoziales Verhalten, Mangel an Empathie, geringe Frustrationstoleranz, andauernde Reizbarkeit und Aggressivität, Suche nach Risiko, sozialer Rückzug.

F60.3 emotional-instabile Persönlichkeitsstörung: stark und unberechenbar schwankende Stimmung (2 Unterformen):

- **a) Impulsiver Typ:** emotionale Instabilität und mangelnde Impulskontrolle (aggressiv, reizbar, explosiv)
- **b) Borderline-Typ:** kein klares Bild von sich selbst, Wünschen und Zielen; chronisches Gefühl von Leere und Langeweile; intensive, aber unbeständige Beziehungen; selbstschädigendes Verhalten mit parasuizidalen Handlungen und Suizidversuchen; „Schwarz-weiß-Denken".

F60.4 histrionische Persönlichkeitsstörung: theatralisches Verhalten, Verlangen nach Lob und Anerkennung, leicht beeinflussbar, starkes Kontakt- und Geltungsbedürfnis, ich-zentrierte Persönlichkeit, Konversionsstörungen, stehen gerne im Mittelpunkt, leiden häufig an psychosomatischen Krankheiten.

F60.5 anankastische [zwanghafte] Persönlichkeitsstörung: Perfektionismus, starre Regeln, hohe Normen, Übergenauigkeit, übertriebene Sparsamkeit und Pedanterie.

F60.6 ängstliche (vermeidende) Persönlichkeitsstörung: angespannt, unsicher, besorgt, empfindsam, leicht verletzbar, Sehnsucht nach Zuneigung und Akzeptiertwerden.

F60.7 abhängige (dependente, asthenische) Persönlichkeitsstörung: ohne Selbstvertrauen und unfähig, eigene Entscheidungen zu treffen, wirkt oft hilflos, inkompetent und hat große Angst vor dem Verlassen werden.

F60.8 sonstige spezifischen Persönlichkeitsstörungen: exzentrische, haltlose, narzisstische, passiv-aggressive, psychoneurotische und unreife Persönlichkeit(sstörung).

(9.5) andauernde Persönlichkeitsänderungen

F62.0 andauernde Persönlichkeitsänderung nach Extrembelastung: andauernde, wenigstens über zwei Jahre bestehende Persönlichkeitsänderung nach einer Belastung katastrophalen Ausmaßes (vorher evtl. posttraumatische Belastungsstörung): feindliche oder misstrauische Haltung gegenüber der Welt, Hoffnungslosigkeit, Gefühl der Leere.

F62.1 andauernde Persönlichkeitsänderung nach psychischer Krankheit: eine auf der traumatischen Erfahrung einer schweren psychiatrischen Krankheit beruhende, wenigstens über zwei Jahre bestehende Persönlichkeitsänderung.

(9.6) F63.- abnorme Gewohnheiten und Störungen der Impulskontrolle

F63.0 pathologischem Spielen: häufiges und wiederholtes episodenhaftes Glücksspiel, das die Lebensführung des betroffenen Patienten beherrscht und zum Verfall der sozialen, beruflichen, materiellen und familiären Werte und Verpflichtungen führt.

F63.1 pathologische Brandstiftung [Pyromanie]: häufige tatsächliche oder versuchte Brandstiftung an Gebäuden oder anderem Eigentum ohne verständliches Motiv, anhaltende Beschäftigung des Pat. mit Feuer und Brand, häufig wachsende innere Spannung vor der Handlung und starke Erregung sofort nach ihrer Ausführung.

F63.2 pathologisches Stehlen [Kleptomanie]: wiederholtes Versagen, Impulsen zu widerstehen, Dinge zu stehlen, die nicht dem persönlichen Gebrauch oder der Bereicherung dienen, meist mit wachsender innerer Spannung vor der Handlung und einem Gefühl von Befriedigung während und sofort nach der Tat verbunden.

F63.3 Trichotillomanie: krankhafter Impuls, sich die Haare auszureißen.

(9.7) F64.- Störungen der Geschlechtsidentität

F64.0 Transsexualismus: Der Wunsch, als Angehöriger des anderen Geschlechtes zu leben und anerkannt zu werden.

F64.1 Transvestitismus unter Beibehaltung beider Geschlechtsrollen: Das Tragen gegengeschlechtlicher Kleidung, um die zeitweilige Erfahrung der Zugehörigkeit zum anderen Geschlecht zu erleben.

(9.8) F65.- Störungen der Sexualpräferenz

F65.0 Fetischismus: Gebrauch toter Objekte als Stimuli für die sexuelle Erregung und Befriedigung

F65.2 Exhibitionismus: wiederkehrende oder anhaltende Neigung, die eigenen Genitalien vor meist gegengeschlechtlichen Fremden in der Öffentlichkeit zu entblößen.

F65.3 Voyeurismus: wiederkehrender oder anhaltender Drang, anderen Menschen bei sexuellen Aktivitäten oder intimen Tätigkeiten, z. B. Entkleiden, zuzusehen ohne Wissen der beobachteten Person (meist mit Masturbation).

F65.4 Pädophilie: Sexuelle Präferenz für Kinder, Jungen oder Mädchen (meist frühes Stadium der Pubertät)

F65.5 Sadomasochismus: sexuelle Aktivitäten mit Zufügung von Schmerzen, Erniedrigung oder Fesseln

Raum für eigene Notizen

Paukbuch Heilpraktiker Psychotherapie (HPP) – effektive Vorbereitung für Prüfung & Praxis

Kapitel 10) Psychische Störungen bei Kindern und Jugendlichen

Psychische Störungen bei Kindern und Jugendlichen: ICD-10 → v. a. F70 - F79 Intelligenzstörung + F80 - F89 Entwicklungsstörungen + F90 - F98 Verhaltens- und emotionale Störungen mit Beginn in der Kindheit und Jugend

(10.1) Intelligenzstörungen und Definition Intelligenz

- Geistige Begabung, die jedem Menschen eigen ist und ihn befähigt, sich schnell in ungewohnten Situationen zurechtzufinden sowie Sinn- und Beziehungszusammenhänge zu erfassen.
- **Intelligenzminderung/Oligophrenie** → Zustand verzögerter oder unvollständiger Entwicklung der geistigen Fähigkeiten.

(10.2) Situation in Deutschland

Prävalenz: 2 - 3 %, eher Jungen, **Ursache: 80 % idiopathisch** (keine Ursache), **10 % durch exogene Noxen**/Schädigung prä-, peri-, postnatal (Drogen-/Alkoholkonsum, Hypoxie, Strahlenschädigung, Schwangerschaftsinfektionen, postnatal durch Schädel-Hirn-Traumata oder Meningitis), **10 - 15 % d. genetische Defekte** (z. B. Down-Syndrom), **Stoffwechselstörungen.**

Intelligenzstörungen (F70 - F79)	IQ	Auswirkung
Niedrige Intelligenz	85 - 70	Kann sich im Leben selbständig zurechtfinden; einfache berufliche Tätigkeiten möglich; Hauptschule, Förderschule, Sonderschule
Leichte Intelligenzminderung (80 %)	69 - 50	Einfache praktische Tätigkeiten möglich; Förderschule, Sonderschule
Mittelgradige Intelligenzminderung (12 %)	49 - 35	Familiäre oder institutionelle Fürsorge nötig; praktisch bildbar in beschützten Werkstätten, evtl. Sonderschule
Schwere Intelligenzminderung (7 %)	34 - 20	Vollständige Betreuung (meist institutionell), Schulbesuch kaum möglich, häufig zusätzliche Behinderungen
Schwerste Intelligenzminderung (1%)	19 - 0	Überwiegend Pflegefälle mit Mehrfachbehinderungen

(10.3) Störungen mit Intelligenzminderung in Kindheit und Jugend

- **F84.3 Hellersyndrom (Dementia infantilis)** Ursache unklar, ab 3. - 4. Lebensjahr Retardierung und intellektueller Abbau
- **Kramer-Pollnow-Syndrom (Mobilitätspsychose)** → meist n. fieberhaften Infekten, ab 3. Lebensjahr Krampfanfälle/Intelligenzminderung

F80 - F89 ENTWICKLUNGSSTÖRUNGEN

(10.4) F80.- Entwicklungsstörungen des Sprechens und der Sprache („Teilleistungsschwächen")

F80.0 Artikulationsstörung: Aussprache des Kindes liegt unterhalb des seinem Intelligenzalter angemessenen Niveaus

F80.1 expressive Sprachstörung: Fähigkeit des Kindes, die expressiv gesprochene Sprache zu gebrauchen, liegt deutlich unterhalb des seinem Intelligenzalter angemessenen Niveaus

F80.2 rezeptive Sprachstörung: Sprachverständnis des Kindes liegt unterhalb des seinem Intelligenzalter angemessenen Niveaus

F80.3 erworbene Aphasie mit Epilepsie [Landau-Kleffner-Syndrom]: im Alter von 3 - 7 Jahren Verlust der Sprachfertigkeiten innerhalb von Tagen oder Wochen (häufig begleitet von epileptischen Anfällen)

F80.8 sonstige Entwicklungsstörungen des Sprechens oder der Sprache: Lispeln (Form der Dyslalie)

(10.5) F81.- /F82.- umschriebene Entwicklungsstörungen

- **F81.- umschriebene (schwerwiegende) Entwicklungsstörungen schulischer Fertigkeiten („Teilleistungsschwächen")**
  → F81.0 Lese- und Rechtschreibstörung, F81.1 isolierte Rechtschreibstörung, F81.2 Rechenstörung
- **F82.- umschriebene (schwerwiegende) Entwicklungsstörung der motorischen Funktionen**
  → F82.0 Grobmotorik, F82.1 Fein- und Graphomotorik, F82.2 Mundmotorik

(10.6) F84.- tief greifende Entwicklungsstörungen

F84.0 frühkindlicher Autismus (Kanner-Syndrom): schwere emotionale und motorische Störung mit starker Selbstbezogenheit und Abkapselung in eigene Gedankenwelt, niedrige Intelligenz, **Beginn:** in den ersten 30 Lebensmonaten.

F84.5 Asperger-Syndrom (kindlicher Autismus, Typ „Rainman"): Autismus (Mitmenschen stören, spricht nicht mit anderen) wird erst im Kleinkindesalter (2. - 3. Lebensjahr) deutlich, Intelligenz normal bis überdurchschnittlich, Stereotypien, Sonderinteressen (frühe sprachliche und motorische Begabung), Prognose günstiger als Kanner-Syndrom!

F84.2 Rett-Syndrom: Entwicklungsstillstand/Rückentwicklung, verzögertes Kopfwachstum, Waschbewegungen Hände 7. Lebensmonat - 2. Lj.

(10.7) F90 - F98 Verhaltens- und emotionale Störungen mit Beginn in der Kindheit und Jugend

- **F90.0 einfache Aktivitäts- und Aufmerksamkeitsstörung (ADHS/HKS):** früher Beginn, meist in den ersten fünf Lebensjahren, Mangel an Ausdauer, Tendenz, von einer Tätigkeit zu einer anderen zu wechseln, ohne etwas zu Ende zu bringen, mangelhaft regulierte und überschießende Aktivität sowie Neigung zu Unfällen.

- **F91.- Störungen des Sozialverhaltens:** ein sich wiederholendes und anhaltendes Muster dissozialen, aggressiven und aufsässigen Verhaltens, länger als 6 Monate (z. B. Stehlen, Schule schwänzen, Störung Sozialverhalten)

    → F91.0 auf den familiären Rahmen beschränkte Störung des Sozialverhaltens

    → F91.1 Störungen des Sozialverhaltens bei fehlenden sozialen Bindungen (kaum Beziehungen zu anderen Kindern)

    → F91.2 Störungen des Sozialverhaltens bei vorhandenen sozialen Bindungen (gut in Altersgruppe eingebunden)

- **F93.0 emotionale Störung mit Trennungsangst des Kindesalters:** Furcht vor Trennung

    F93.1 phobische Störung des Kindesalters: Befürchtungen in der Kindheit in besonderer Ausprägung

    F93.2 Störung mit sozialer Ängstlichkeit des Kindesalters: Misstrauen gegenüber Fremden und soziale Besorgnis oder Angst, in neuen, fremden oder sozial bedrohlichen Situationen.

    F93.3 emotionale Störung mit Geschwisterrivalität: Geschwistereifersucht (Ausmaß/Dauer übermäßig ausgeprägt)

- **F94.- Störungen sozialer Funktionen mit Beginn in der Kindheit und Jugend**

  F94.0 (s)elektiver Mutismus: Das Kind spricht in einigen Situationen, in anderen definierbaren Situationen jedoch nicht.

  F94.1 reaktive Bindungsstörungen des Kindesalters: anhaltende Auffälligkeiten i. sozialen Beziehungsmuster (bis 5. Lebensjahr)

  F94.2 Bindungsstörung des Kindesalters mit Enthemmung: Aufmerksamkeit suchend, kaum Interaktion m. Gleichaltrig.

- **F95.- Ticstörungen:** motorische Tics wie Blinzeln, Kopfwerfen, Schulterzucken und Grimassieren; vokale Tics wie Räuspern, Bellen, Schnüffeln und Zischen. Komplexe Tics wie Sich-selbst-schlagen sowie Springen und Hüpfen.

  F95.2 kombinierte vokale und multiple motorische Tics: das Tourette-Syndrom (z. B. mit Räuspern, Grunzen und Gebrauch von obszönen Wörtern, Phrasen und Gesten)

  Merke: Belastungen können Tics verstärken, während des Schlafens verschwinden sie!

- **F98.- andere Verhaltens- und emotionale Störungen mit Beginn in der Kindheit und Jugend:** Emotional bedingte Schlafstörungen (F51.-), Geschlechtsidentitätsstörung des Kindesalters (F64.2), Kleine-Levin-Syndrom (G47.8) (KLS, „Winterschlafsyndrom" mit periodisch erhöhtem Schlafbedürfnis (Hypersomnie), Wahrnehmungs- und Verhaltensstörungen), Perioden von Atemanhalten (R06.88), Zwangsstörung (F42.-)

  F98.0 nichtorganische Enuresis → unwillkürlicher Harnabgang am Tag (diurna)/in der Nacht (nocturna), a) primäre Enuresis → von Geburt an, b) sekundäre Enuresis → tritt nach einer Periode bereits erworbener Blasenkontrolle auf.

  F98.1 nichtorganische Enkopresis → wiederholtes willkürliches oder unwillkürliches Absetzen von Faeces (Kot bzw. Stuhl) an Stellen, die im soziokulturellen Umfeld des Betroffenen nicht dafür vorgesehen sind.

  F98.2 Fütterstörung im frühen Kindesalter → Nahrungsverweigerung und extrem wählerisches Essverhalten. Begleitend evtl. Rumination (wiederholtes Heraufwürgen von Nahrung ohne Übelkeit oder eine gastrointestinale Krankheit).

  F98.3 Pica im Kindesalter → anhaltender Verzehr nicht essbarer Substanzen, z. B. Erde (häufig bei Intelligenzminderung)

F98.4 stereotype Bewegungsstörungen → willkürliche, wiederholte, stereotype, nicht funktionale und oft rhythmische Bewegungen. Nichtselbstbeschädigende Bewegungen sind z. B.: Körperschaukeln, Kopfschaukeln, Haarezupfen, Haaredrehen, Fingerschnipsgewohnheiten und Händeklatschen. Stereotype Selbstbeschädigungen sind z. B.: Wiederholtes Kopfanschlagen, Ins-Gesicht-schlagen, In-die-Augen-bohren und Beißen in Hände, Lippen oder andere Körperpartien. Alle stereotypen Bewegungsstörungen treten am häufigsten in Verbindung mit Intelligenzminderung auf!

F98.5 Stottern [Stammeln] → Sprechflüssigkeit deutlich beeinträchtigt

F98.6 Poltern → hohe Sprechgeschwindigkeit, dadurch beeinträchtigte Sprechverständlichkeit, häufig fehlerhafte Sätze

F98.8 sonstige näher bezeichnete Verhaltens- und emotionale Störungen mit Beginn in der Kindheit und Jugend → Aufmerksamkeitsstörung (ADS = Aufmerksamkeitsdefizitstörung) ohne Hyperaktivität („Tagträumer"), Daumenlutschen, exzessive Masturbation (Selbstbefriedigung), Nägelkauen, Nasebohren

Außerdem: frühkindliche Hirnschädigung (M. Little), Schlafstörungen (Pavor nocturnus, Somnambulismus), Verwahrlosung, Battered child Syndrom (körperlicher/sexueller Missbrauch), Schulangst/Schulphobie, selten Schizophrenie.

Raum für eigene Notizen

Kapitel 11) Psychiatrische Notfälle

Psychiatrische Notfälle: häufigste Notfälle in der Medizin → bis zu 15 - 20 % der Notarzteinsätze!

Wie psychiatrischen Notfall einschätzen? → **Bewusstsein:** klar oder verändert? **Motorik:** gesteigert oder vermindert? **Suizidalität** (Eigengefährdung): nicht vorhanden oder vorhanden (Risikofaktoren!)?, **Fremdgefährdung:** nicht vorhanden oder vorhanden? **Krankheitseinsicht** bzw. Compliance: nicht vorhanden oder vorhanden? **Produktive Symptome** (Wahn, Halluzinationen): nicht vorhanden oder vorhanden?

Krisenintervention (gesprächstechnisch) → geschützten Rahmen schaffen, Echtheit, positive Wertschätzung und Transparenz vermitteln, Fremd- und Eigengefährdung (Suizidalität) abklären, psychotische Symptome abklären, mögliche Kränkungserlebnisse ansprechen, „gemeinsame Basis" herstellen, weitere Schritte besprechen, ggf. „talk down".

(11.1) Die häufigsten psychiatrischen Notfälle

1. Suizidalität 2. akute Angst- und Erregungszustände 3. akute Psychosen 4. Intoxikationen 5. delirante Syndrome 6. katatone Syndrome 7. Verwirrtheitszustände 8. Bewusstseinsstörungen

(11.2) Angst- und Erregungszustände

- **Symptome:** Psychomotorische Unruhe und Antriebssteigerung (Patient läuft umher, bleibt nicht sitzen, spricht oder weint ständig), Gereiztheit bis zur Aggressivität (bis zum Bewegungssturm mit Schreien, Schlagen, Toben und auch plötzlichen fremd- oder eigengefährdenden Impulshandlungen sowie Kontrollverlust (evtl. mit raptusartigen Gewalttätigkeiten – „Kurzschluss"!)), Agitiertheit, affektive Enthemmung, vegetative Symptome (Zittern, Tachykardie, Dyspnoe, Schweißausbrüche, vielfache körperliche Beschwerden).

- **Ursachen:** Panikattacken, Schizophrenie, manische Episoden, Intoxikationen (z. B. Alkohol, Drogen), organische Psychosen, posttraumatische Belastungsstörung, Persönlichkeitsstörungen, ängstlich-agitierte Depressionen und auch bei internistischen Erkrankungen (z. B. Hyperthyreose, Hypoglykämie bzw. Unterzuckerung).

Paukbuch Heilpraktiker Psychotherapie (HPP) – effektive Vorbereitung für Prüfung & Praxis

- **Unsere Aufgaben:** Einschätzung einer Bedrohung die vom Patienten ausgeht (Angriffe, Waffen?, Aggressivität), je nach Schweregrad handeln (Selbstschutz!), Klärung der Bewusstseinslage (Bewusstseinsstörungen möglich!) und ggf. Sofortmaßnahmen, Versuch der Erregungsdämpfung durch sicheres Auftreten und beruhigenden Zuspruch, Ruhe bewahren, Reizabschirmung (Ruhe und ungestörte Atmosphäre, Patienten von Bezugspersonen wie Angehörigen trennen), wenn möglich: Klärung der Erregungsursache (keine Interpretationsversuche), unbedingt im Gespräch mit dem Patienten bleiben (zu forsches Auftreten kann aber die Aggressivität steigern!). Außerdem können die Erregungszustände kurzfristig abklingen (Ruhe vor dem Sturm) und ein falsches Bild von der Gefährdung liefern!

(11.3) akute Psychosen

- **Symptome:** gesteigerte motorische Unruhe, verstärkte Ängste und unmotiviertes Lachen, Schreien oder Weinen, Hypervigilanz mit verringerter sensorischer Selektionsfähigkeit, optische und akustische Halluzinationen, Wahn, zerfahrener Gedankengang.
- **Unsere Aufgaben:** Notruf, Überwachung der Vitalfunktionen, den Patienten nicht aus den Augen lassen! Auf Eigen- bzw. Fremdgefährdung achten (Selbstschutz!).

(11.4) Intoxikationen (Überdosierungen)

⇨ internistische Notfalltherapie (häufig Mischintoxikationen!)

a) **Alkoholintoxikation** → **Symptome:** verwaschene Sprache, eingeschränktes Urteilsvermögen, aggressives/häufig unkontrolliertes Verhalten, Foetor alcoholicus, Ataxie, orthostatische Dysregulation, Bewusstseinsstörungen. **Komplikationen:** zerebrale Krampfanfälle, Atemstillstand, Hypoglykämie (Schockgefahr!) **Unsere Aufgaben:** Notruf, Vitalfunktionen prüfen, ansprechbar? → vor Auskühlung schützen/Decke, bewusstlos? → stabile Seitenlage/Decke, keine Atmung? → HLW, *Erstickungs- bzw. Aspirationsgefahr durch Erbrechen → Mundraum frei machen*

b) **Intoxikation mit Tranquilizern/Hypnotika** → **Symptome:** Bewusstseinsstörungen, Ataxie (Störungen der Bewegungskoordination), Nystagmus (unwillkürliche Augenbewegungen, „Augenzittern"). **Unsere Aufgaben:** Notruf, Vitalfunktionen prüfen, ansprechbar? → vor Auskühlung schützen/Decke, bewusstlos? → stabile Seitenlage/Decke, keine Atmung? → HLW.

c) **Intoxikation mit trizyklischen Antidepressiva** → **Symptome:** trockene Haut, Harnverhalt, Tachykardie, Hyperthermie, psychomotorische Unruhe **Komplikationen:** lebensbedrohliche Arrhythmien, Krämpfe, Delir. **Unsere Aufgaben:** Notruf, Vitalfunktionen prüfen, ansprechbar? → vor Auskühlung schützen/Decke, bewusstlos? → stabile Seitenlage/Decke, keine Atmung? → HLW. *Krampfanfälle? → Gefahrenquellen beseitigen, Kopf unterpolstern.*

Paukbuch Heilpraktiker Psychotherapie (HPP) – effektive Vorbereitung für Prüfung & Praxis

d) **Intoxikation mit Lithium** → **Symptome:** Bewusstseinstrübung, Sehstörungen, Ataxie, Schwindel, grobschlägiger Tremor, Diarrhö (Durchfall), Dysarthrie (Beeinträchtigung des Sprechens), Polyurie (krankhaft erhöhte Urinausscheidung), Durst. **Komplikationen:** Bradyarrhythmien, Krämpfe, Verwirrtheitszustände **Unsere Aufgaben:** Notruf, Vitalfunktionen prüfen, ansprechbar? → vor Auskühlung schützen/Decke, bewusstlos? → stabile Seitenlage/Decke, keine Atmung? → HLW. *Krampfanfälle? → Gefahrenquellen beseitigen, Kopf unterpolstern,* **!Flüssigkeitszufuhr!**

e) **Intoxikation durch Opiate** → **(1) Opiatrausch-Symptome:** Trias aus Bewusstseinsstörungen, Bradypnoe (verlangsamte Atmung) und Miosis (Pupillenverengung). Außerdem kommt es zu Hypotonie (niedriger Blutdruck), Bradykardie (verlangsamter Herzschlag), Hypothermie (Unterkühlung, Frösteln), Obstipation (Verstopfung), Atemstillstand, Koma. **(2) Opiatentzugs-Symptome:** (nach ca. 8 Std., Höhepunkt nach 24 - 48 Stunden): Mydriasis (Pupillenerweiterung), Kreislaufversagen!, Unruhe, Gereiztheit, Angst, Durchfall, Bauchkrämpfe, Übelkeit, Erbrechen, Polyurie, schmerzhafte Muskelkrämpfe, Tachykardie sowie Blutdruckanstieg, Schwitzen, Schmerzen, Niesen, Gähnen, Tränenfluss, Schlaflosigkeit, Suizidimpulse! **Komplikationen:** Atemlähmung bzw. Kreislaufversagen. **Unsere Aufgaben:** Notruf, Vitalfunktionen prüfen, ansprechbar? → vor Auskühlung schützen/Decke, bewusstlos? → stabile Seitenlage/Decke, keine Atmung? → HLW. *Atemlähmung → ständige Überprüfung der Atmung!*

f) **Intoxikation mit Kokain und Amphetaminen (Aufputschmitteln)** → **Symptome:** Mydriasis (Pupillenerweiterung), Hyperthermie (Überwärmung), Tachykardie (Herzrasen), optische/akustische Halluzinationen, Logorrhoe (gesteigerter Rededrang), evtl. Nasenschleimhautentzündung/-atrophie bei Kokain, Koma. **Komplikationen:** Arrhythmien (unregelmäßiger Herzschlag), Atemdepression, Krämpfe, Herzversagen, Hirnblutungen. **Unsere Aufgaben:** Notruf, Vitalfunktionen prüfen, ansprechbar? → vor Auskühlung schützen/Decke, bewusstlos? → stabile Seitenlage/Decke, keine Atmung? → HLW. *Krampfanfälle? → Gefahrenquellen beseitigen, Kopf unterpolstern* **!Reizabschirmung, Ruhe!** Außerdem bei Amphetaminen → Suizidgefahr! **Bei Ecstasyintoxikation** → Hyperthermie (Überwärmung) und Exsikkosegefahr (Austrocknung) → Flüssigkeitszufuhr! **Bei Kokainintoxikation bzw. Kokainschock** → massive Angst und Getriebenheit → „talking down"! **Bei Kokainpsychose (bei chronischem Kokainabusus)** → starke Stimmungsschwankungen mit Suizidimpulsen sowie evtl. paranoid-halluzinatorische Symptome bis delirantes Syndrom!

g) **Intoxikation mit Cannabis/Halluzinogenen** → **Symptome:** Erregungssyndrom mit Mydriasis, Tachykardie, Hyperthermie, Panikattacken, gerötete Augen, optische/akustische Halluzinationen. **Komplikationen:** Kreislaufversagen. **Unsere Aufgaben:** Notruf, Vitalfunktionen prüfen, Ansprechbar? → vor Auskühlung schützen/Decke, Bewusstlos? → stabile Seitenlage/Decke, keine Atmung? → HLW. **!Reizabschirmung, Ruhe, „talk-down"!**

(11.5) delirante Syndrome

Symptome: Bewusstseinstrübung, Desorientiertheit, motorische Unruhe bzw. hochgradige Erregung, abrupter Stimmungswechsel (Wechsel zwischen Euphorie und Depression), erhöhte Suggestibilität, Sinnestäuschungen (v. a. optische Halluzinationen und illusionäre Verkennungen), Wahnvorstellungen, Störung des Schlaf-Wach-Rhythmus, Angst, vegetative Symptomatik: Schwitzen, Puls und Atmung beschleunigt, Fieber, Erbrechen, Diarrhö, Neurologisch: Zittern (Tremor), Koordinations- und Sprechstörungen. **Komplikationen:** Krampfanfälle und Kreislaufkollaps. **Unsere Aufgaben:** Notruf, Vitalfunktionen prüfen, ansprechbar? → vor Auskühlung schützen/Decke, bewusstlos? → stabile Seitenlage/Decke, keine Atmung? → HLW. **!bei Alkoholentzugsdelir: Entzug angebracht!**

(11.6) katatone Syndrome

Symptome: Erregungszustände und/oder wechselnd mit Mutismus, Haltungsstereotypien und Stupor (Starre). Evtl. zusätzlich vegetative Dysregulation, Fieber. Die Kommunikationsfähigkeit des Patienten ist stark eingeschränkt (Fremdanamnese!). **Unsere Aufgaben:** Notruf, Vitalfunktionen prüfen, ansprechbar? → vor Auskühlung schützen/Decke, bewusstlos? → stabile Seitenlage/Decke, keine Atmung? → HLW.

(11.7) Verwirrtheitszustände (z. B. Demenz, Intoxikation, Trauma)

Symptome: Desorientiertheit, Umtriebigkeit, ratlos-unsicheres oft dysphorisch-gereiztes Verhalten, evtl. Erregungszustände, Verlangsamung der Auffassung/Gedankengänge, Verkennung Umgebung, unzusammenhängende Sprache. **Unsere Aufgaben:** Notruf, Vitalfunktionen prüfen, ansprechbar? → vor Auskühlung schützen/Decke, bewusstlos? → stabile Seitenlage/Decke, keine Atmung? → HLW.

(11.8) Weitere psychiatrische Notfallsituationen

- **perniziöse (febrile) Katatonie:** lebensgefährliche Form der Katatonie. Eine Störung des Antriebs und der Motorik mit Stupor, Katalepsie, psychomotorischer Erregung und Stereotypien. Therapie: stationär, meistens mit der Elektrokrampftherapie und/oder einem hochdosierten Neuroleptikum (NL).

- **malignes neuroleptisches Syndrom:** lebensbedrohliche Nebenwirkung der Neuroleptika. Therapie: Absetzen des Medikamentes und die Gabe von Dopaminantagonisten (durch den Notarzt bzw. psychiatrieerfahrenen Arzt).

- **Hyperventilationstetanie (Angstneurose bzw. Panikattacke)** → **Symptome:** Tachypnoe und Hyperventilation. Pat. hat Gefühl, er bekommt keine Luft (Angst, zu ersticken). **Symptome der Tetanie:** Absterben der Finger/pfötchenartig verkrampfte Finger, Kraftlosigkeit, taube Lippen, trockener Mund, Herzklopfen, evtl. Krämpfe der mimischen Muskulatur im Mundbereich „Fischmaul", Krämpfe (DD: Epilepsie). **Unsere Aufgaben:** Ruhe bewahren, Pat. in zum Trichter geformte Hände oder eine Tüte atmen lassen und beruhigen.
- **Bewusstlosigkeit** („Patient kommt in Ihre Praxis für Psychotherapie (HeilprG) und fällt einfach um"): **Unsere Aufgaben:** Notruf, Vitalfunktionen prüfen, ansprechbar? → vor Auskühlung schützen/Decke, bewusstlos? → stabile Seitenlage/Decke, keine Atmung? → HLW.

Bitte besuchen Sie in jedem Fall vor der Prüfung einen **Erste-Hilfe-Kurs**
und frischen Sie Ihre Kenntnisse regelmäßig auf.
Durch Weiterbildungen bleiben Sie auf dem Laufenden und können dem Patienten adäquat und situationsgerecht helfen!

Raum für eigene Notizen

Kapitel 12) Suizidalität

Suizidalität: ICD-10 -> Kapitel XX - äußere Ursachen von Morbidität und Mortalität (V01 - Y98) → **Vorsätzliche Selbstbeschädigung (X60 - X84)** bzw. Selbsttötung (Versuch) & vorsätzlich selbstzugefügte Vergiftung & Verletzung

Definition: Suizid (lat. sui caedium = Tötung seiner selbst) ist das willentliche Beenden des eigenen Lebens, eine mit Absicht vorgenommene Selbsttötung, der freiwillige Gang in den Tod (aktive und zielorientierte Handlung).

(12.1) Situation in Deutschland:

- ca. 10 000 Suizide pro Jahr (Statistisches Bundesamt 2010) – Merkhilfe: ca. alle 45 min ein Suizid
- Verhältnis Suizid : Suizidversuch = 1 : 15, vollendeter Suizid Männer : Frauen = 2 : 1, Suizidversuche Männer : Frauen = 1 : 2-3

(12.2) vorsätzliche Selbstbeschädigung

Beispiele für vorsätzliche Selbstvergiftung (quasi „weiche Methoden"): Arzneimittel, Drogen, biologisch aktive Substanzen, Gase, Dämpfe, Pestizide, Chemikalien. Beispiele für vorsätzliche Selbstbeschädigung (quasi „harte Methoden"): Erhängen, Strangulieren, Ersticken, Ertrinken, Waffen, Feuer, explosive Stoffe, Sturz in die Tiefe, absichtlich verursachte Unfälle → Wiederholungsrisiko: Suizid im ersten Jahr nach Suizidversuch besonders hoch!

(12.3) Auslöser von Suiziden

1. psychische Erkrankungen: 40 - 60 % Depressionen, 20 % Alkoholismus, 10 % Schizophrenie, 5 % Angststörungen, 5 % Persönlichkeitsstörungen
2. chronisch Kranke mit fehlender Heilungsaussicht (auch bei chronischen Schmerzen!) **3. Lebenskrisen** und scheinbare „Ausweglosigkeit" (Scheidung bzw. Trennung vom Partner, auch Liebeskummer, Todesfall bzw. Verlust einer wichtigen Bezugsperson, Vereinsamung bzw. Isolation, Konflikte in der Familie/Partnerschaft/im Beruf, auch Mobbing, Alkohol- oder Drogenkonsum, Arbeitslosigkeit, Schulden)
4. biologische Umstellungsphasen (Pubertät, Klimakterium, Midlifecrisis) **5. Sonstige** z. B. Nachahmung (z. B. Tod eines beliebten Filmstars oder Sängers), mehrfache aktuelle Belastungen oder Kränkungen u. a. → ca. 80 % der Suizide werden angekündigt!

(12.4) Besonders gefährdete Zielgruppen:

Männer, Senioren (ab 60 – höchste Suizidrate über 80), isolierte, allein lebende, kinderlose Menschen (geschieden, verwitwet, ledig), Menschen mit Selbstmordversuch in der Vergangenheit (!), Suizid bzw. Suizidversuche in der Familie, aktuelle Suizide in der Umgebung oder in den Medien („Werther-Effekt")

Paukbuch Heilpraktiker Psychotherapie (HPP) – effektive Vorbereitung für Prüfung & Praxis

(12.5) Wie kommt es zum Suizid?

Wunsch nach Ruhe → Pause im Weiterleben → Tod wäre egal → Wunsch, tot zu sein → unkonkrete Suizidgedanken → konkrete Suizidgedanken → konkrete Suizidpläne → Vorbereitungen → abgebrochener Suizidversuch → Suizidversuch → vollendeter Suizid (unter den 10 häufigsten Todesursachen bei Erwachsenen!)

(12.6) Pöldinger, Ringel, Mitterauer (wichtig! – bitte auswendig lernen!)

- **Pöldinger** (Stadien suizidaler Entwicklung): **Erwägungsphase** (Selbstmord als Problemlösung) → **Ambivalenzphase** (meist direkte Suizidankündigung, Patient unruhig und gequält) → **Entschlussphase** („Ruhe vor dem Sturm")

- **Ringel** (Präsuizidales Syndrom): **Einengung des Lebensbereiches** (Isolation, sozial und psychisch) → Aggressionsstau und **Wendung der Aggression gegen die eigene Person** (Aggressionshemmung nach außen bei innerer Autoaggression) → **Todesphantasien** (Suizidphantasien zunächst vage, mit zunehmender Einengung immer klarer)

- **Mitterauer** (suizidales Achsensyndrom): **Offene und versteckte Suizidalität** (Suizidankündigungen müssen immer ernst genommen werden!) → **Diagnose eines psychotischen** (zyklothymen, schizophrenen oder organisch begründbaren) **Achsensyndroms** (90 % aller Suizide durch psychische Erkrankung bedingt) → **suizidpositive Familienanamnese**

(12.7) Gut zu wissen

- **häufige Symptomatik:** Ausweg- bzw. Hoffnungslosigkeit, keine Zukunftsvorstellung, Selbstanklage, Schuldgefühle, starke Denkeinengung, Agitiertheit („Rastlosigkeit"), anhaltende Schlafstörungen, Appetit- bzw. Gewichtsverlust.

- **Suizidformen:** Erweiterter Suizid (Mitnahmesuizid ohne Einwilligung), gemeinsamer Suizid mit Einwilligung, protrahierter Suizid nach Menninger („Suizid auf Raten"), larvierter Suizid, Kindersuizid (selten), „nüchterner" Bilanzsuizid, demonstrativer Suizidversuch (parasuizidal, apellativer Suizidversuch), chronischer Suizid, Imitationssuizid.

(12.8) Therapie

- **Therapie:** Krisenintervention, Suizid offen ansprechen, Suizidrisiko einschätzen (stabile Beziehungen? Fremdanamnese!), ggf. Anti-Suizid-Pakt, ggf. Unterbringung (stationäre Einweisung, Polizei rufen) wegen Eigen- bzw. Fremdgefährdung

- → Herstellen einer tragfähigen therapeutischen Beziehung, empathische, vorurteilsfreie, vorwurfsfreie, objektive Hilfe!

Kapitel 13) Therapiemethoden

Therapiemethoden (Def.: → Psychotherapie bedeutet die bewusst geplante Behandlung psychischer und Verhaltensstörungen mit psychologischen Mitteln (Kommunikation). Ziel ist die Symptomminimalisierung und/oder Strukturänderung der Persönlichkeit des Pat. mittels gezielter psychologischer Techniken (der Psychotherapie). Das Selbstwertgefühl des Pat. wird gestärkt und seine Problemlösekompetenz wird gefördert um den Alltag besser bewältigen zu können und damit eine bessere Lebensqualität zu erreichen.) **Ziel:** Therapieerfolg!

(13.1) Wie entstehen psychische und Verhaltensstörungen?

a) **biomedizinisch-organisches Modell** → psychische Störung ist Ausdruck bzw. Folge pathologischer Strukturveränderungen im Körper des Pat.

b) **psychoanalytisches Modell** → nach Sigmund Freud sind psychische Störungen der Ausdruck unbewusster Konflikte und daraus folgender Abwehrmechanismen. Sie entstehen nach Freud durch Spannungen zwischen biologischen Triebansprüchen und sozialen Normen, die in der frühkindlichen psychosexuellen Entwicklung bewältigt werden müssen.

c) **lerntheorethisches Modell** → psychische Störungen sind Ausdruck erlernter Verhaltensweisen, die zu extrem abweichenden Erlebens- und Verhaltensweisen führen.

d) **systemisches Modell** → der als psychisch krank bezeichnete Mensch zeigt als Indexpatient (Symptomträger) gestörte Prozesse in sozialen Systemen (v. a. der Familie) an.

e) **humanistisches Modell** → nach Carl Rogers entwickeln sich psychische Störungen, wenn natürliche Entwicklungs- und (psychische) Wachstumsprozesse gestört verlaufen.

f) **soziologisches/sozialwissenschaftliches Modell** → psychische Störungen sind Ausdruck sozialer Faktoren (z. B. soziale Schicht). *„Psychisch krank ist, wer von der Gesellschaft diagnostiziert wird"*

g) **antipsychiatrisches/sozialkritisches Modell** → zentrale Störung liegt in der Gesellschaft und zeigt sich in psychischen Störungen von Menschen, die mit der gestörten Umwelt nicht zurechtkommen.

(13.2) Phasen einer Psychotherapie

▷ 1. Phase: Erwägungsphase → 2. Phase: Diagnosephase → 3. Phase: Zieldefinierung → 4. Phase: Therapiephase → 5. Phase: Übergangsphase → 6. Phase: Nachsorgephase

Paukbuch Heilpraktiker Psychotherapie (HPP) – effektive Vorbereitung für Prüfung & Praxis

(13.3) Wichtige psychotherapeutische Richtungen

⇨ Tiefenpsychologie: Psychoanalyse und tiefenpsychologisch fundierte Verfahren → frühkindlicher Konflikt

⇨ Verhaltenstherapie: Verhaltenstheoretische Verfahren → neurotisches Verhalten ist erlernt

⇨ Humanistische Verfahren: Pat. helfen, sich optimal zu entwickeln, es geht um den Mensch, nicht um das Symptom

⇨ Systemische- , Familien-, Paar- und Gruppentherapie

⇨ Suggestive und Entspannungsverfahren

Gemeinsames Ziel: Pat. auf dem Weg in eine bessere Zukunft begleiten, Bewältigungsstrategien für den Alltag aufzeigen.

(13.4) Verfahren & Therapiefreiheit

a) **stützende/supportive Verfahren** → z. B. Hypnose, autogenes Training, PMR, klientenzentrierte Gesprächspsychotherapie

b) **aufdeckende Verfahren** (Konflikte bewusst machen) → Psychoanalyse, analytische Psychologie, Individualpsychologie

c) **„zudeckende" Verfahren** → Hypnose und Verhaltenstherapie

Merke: HPP hat Therapiefreiheit, unterliegt aber der Sorgfaltspflicht!

PSYCHOTHERAPIEFORMEN: (AUSGEWÄHLTE, PRÜFUNGSRELEVANTE VERFAHREN)

(13.5) 1. Psychoanalyse/tiefenpsychologisch fundierte Verfahren

→ psychische/psychosomatische Störungen (v. a. Neurosen)

1a) **klassische Psychoanalyse nach Sigmund Freud** → immer Einzeltherapie, Pat. liegt auf Couch, Therapeut am Kopfende

1b) **analytische Psychotherapie nach Carl Gustav Jung** → meist Einzeltherapie, Pat. und Therapeut sitzen sich gegenüber, gesprächsorientiert, aber auch darstellend-kreativ (bei Kindern spielorientiert), gleichberechtigter Dialog, tiefe menschliche Begegnung, Therapeut aber auch Belehrender und "Seelenführer", für über 35-jährige, Kinder/Jugendliche

1c) **Individualpsychologie (IP) nach Alfred Adler** → ausführliche Betrachtung der Lebensgeschichte (Anamnese) und gezielte Fragen sollen möglichst früh das zentrale Problem des Pat. aufdecken, Problemlösekompetenz wird gestärkt

Paukbuch Heilpraktiker Psychotherapie (HPP) – effektive Vorbereitung für Prüfung & Praxis

1d) **dynamische Psychotherapie nach Annemarie Dührssen** → Selbstwertgefühl wird immer wieder bestätigt und aufgearbeitet

1e) **Fokaltherapie/Kurzzeittherapie nach Malan oder Balint** → Pat. und Therapeut sitzen sich gegenüber, Therapeut versucht zu Beginn Kernkonflikt/Fokus durch gezieltes Fragen herauszufinden. Pat. äußert Gefühle und Gedanken dazu und Therapeut deutet diese.

- **Sonderform „IPT" Interpersonelle Psychotherapie nach Klerman** → Wurzeln in psychodynamischen Theorien, besitzt aber auch verhaltenstherapeutische und kognitive Ansätze. Kurzzeittherapie (häufig zur Krisenintervention). Das individuelle Problem steht im Mittelpunkt und aktuelle Konflikte werden bearbeitet, der HPP verhält sich aktiv unterstützend und aufbauend.

(13.6) 2. Verhaltenstherapie (Verhaltenstheoretische Verfahren)

→ Angststörungen, Zwänge, Depressionen, psychosomatische Störungen, sexuelle Störungen, Suchterkrankungen, psychische Störungen des Kindes- und Jugendalters

2a) **Verhaltenstherapie (VT)**

2b) **kognitive Verhaltenstherapie (KVT) nach Beck** → kognitive Umstrukturierung z. B. bei Depression

2c) **Rational-emotive Therapie (RET) nach Ellis** → Lösung emotionaler Probleme und Verhaltensstörungen

(13.7) 3. humanistische Verfahren

→ Pat. helfen, sich optimal zu entwickeln, es geht um den Mensch, nicht um das Symptom

3a) **Gesprächspsychotherapie (GT) bzw. klientenzentrierte Gesprächspsychotherapie nach Rogers:** Empathie → einfühlsames Verstehen, Wärme → Wertschätzung und Akzeptanz durch den Therapeuten, Kongruenz → Echtheit des Therapeuten

3b) **Psychodrama nach Moreno (PD)** → szenische Darstellung von Situationen in der Gruppe, Familie oder als Einzeltherapie

3c) **Gestalttherapie nach Perls (GS)** → positive Potentiale des Pat. mit Wahrnehmungs- und Körperübungen fördern

Paukbuch Heilpraktiker Psychotherapie (HPP) – effektive Vorbereitung für Prüfung & Praxis

(13.8) 4. Systemische-, Familien-, Paar- und Gruppentherapie

→ Familie, Paar oder Gruppe als System, das sich selbst reguliert

- Systemische Therapien haben eine zirkuläre Kausalität („Was geht in Ihrem Mann vor, wenn Sie durchdrehen würden?").
- Problem: gestörtes System bzw. gestörte Kommunikation → Pat. Symptomträger (Indexpatient) eines gestörten Familien-, Paar- oder Gruppenprozesses.

4a) **Systemische Familientherapie**

4b) **Systemische Therapie nach Hellinger** (»Familienaufstellung nach Hellinger«)

4c) **Paar- und Gruppentherapien unterschiedlichster Ausrichtung** (tiefenpsychologische, verhaltenstherapeutische u. a.)

(13.9) 5. Suggestive- und Entspannungsverfahren

→ Abbau von Stress und inneren Spannungszuständen

5a) **Hypnose** → Pat. konzentriert sich auf Suggestionen des Therapeuten, v. a. bei akuten Angst- und Unruhezuständen, Schlafstörungen und psychosomatischen Erkrankungen (z. B. Asthma bronchiale) **Kontraindikation:** Psychosen (endogene und exogene) inkl. organische Hirnveränderungen (z. B. bei Demenz oder durch Intoxikationen)

5b) **Autogenes Training nach Schulz** → autosuggestive Methode („Selbsthypnose") mit formelhaften Suggestionen bei psychovegetativen Irritationen, Angst- und Unruhezuständen, Angstneurosen, Erschöpfungszuständen. **Kontraindikation:** Wahn bzw. psychotische Zustände.

5c) **Progressive Muskelrelaxation (PMR) nach Jacobsen** → psychische Anspannung und Ängste durch muskuläre Entspannung reduzieren (Übungsabfolge, die systematisch nacheinander Muskelgruppen anspannt und entspannt).

(13.10) Wichtiges zur Psychoanalyse/Sigmund Freud

Phasen der psychosexuellen Entwicklung

- **Orale Phase** (1. Lebensjahr): *Urvertrauen,* Wärme, Geborgenheit, Sicherheit → Fixierung: Depressionen, Schizophrenie, Suchterkrankungen
- **Anale Phase** (2. - 3 Lebensjahr): *Geben und Nehmen,* Autonomieentwicklung, Selbst- und Fremdbestimmung → Fixierung: Zwangsneurosen, Geiz, Pedanterie, übertriebener Ordnungssinn
- **Phallisch-ödipale Phase** (4. - 6. Lebensjahr): *Identifikation mit dem gleichgeschlechtlichen Elternteil,* Erleben der sexuellen Unterschiede → Fixierung: Konversionsneurosen, Störungen der Geschlechtsidentität, Phobien, krankhaftes Konkurrieren, Autoritätskonflikte
- **Latenzphase** (6. - 11.Lebensjahr): *Entwicklung von Sozialfertigkeiten, Wissenserwerb,* Orientierung an Leitbildern → Fixierung: Aggressionen, Autoaggressivität, Schulängste und Konzentrationsmangel
- **Genitale Phase** (ab 12. Lebensjahr): das eigene Selbst wird verstärkt erlebt, es entstehen Triebwünsche, neue Idealbildungen, Ablösung von den Eltern, Ausbildung der sexuellen Identität → Fixierung: Störungen der Sexualität, Homosexualität, sadomasochistische Neigungen, schwere Selbstwertprobleme, Anorexie, erste Suchtmanifestationen
- **Adoleszenz**

Instanzenmodell von Freud → Persönlichkeitsmodell: Es (die Triebe), Ich und Über-Ich (das Gewissen) sind die drei Instanzen, die das Selbst bilden. Eine Neurose besteht aus dem nicht bewältigten Konflikt zwischen den drei Instanzen.

- **Abwehrmechanismen** → Mittel der Psyche, die Bewusstwerdung von Konflikten (z. B. Aggressionen, Gefühle) zu verhindern.
- **Konflikte (Bsp.)** → Ablösungskonflikt, Nähe- und Distanzkonflikt, Aggressionskonflikt, frühkindlicher Konflikt, Loyalitätskonflikt, ungelöster Konflikt
- **Appetenzkonflikte** → a) **Appetenz-Aversions-Konflikt** mit ambivalenter Zielvorstellung (etwas sehr begehren und gleichzeitig verabscheuen)
  b) **Appetenz-Appetenz-Konflikt:** zwei Dinge werden gleichzeitig erstrebt
- **Grundregel der Psychoanalyse** → Pat. wird aufgefordert, uneingeschränkt alles mitzuteilen, was ihm einfällt (frei assoziieren)
- **Katharsis in der Psychoanalyse** → erinnern, wiederholen, durcharbeiten
- **Setting** → Pat. liegt, Therapeut (am Kopfende) ist „weiße Wand", auf die der Pat. (unbewusst) alle seine frühen Beziehungspersonen (wie Vater, Mutter und Geschwister) projizieren kann.
- **Abstinenzregel** → Therapeut enthält sich aller wertenden Stellungnahmen (also streng neutral) und stellt nur Fragen, die den Prozess in Gang setzen.

(13.11) Wodurch deckt Psychoanalyse Konflikte auf?

- **Freie Assoziation:** der Patient erzählt alles, was ihm gerade einfällt, **Traumdeutung, Bearbeitung von Übertragungen:** Pat. bringt Therapeut alte (kindliche) Verhaltensmuster entgegen und überträgt diese (seine Emotionen) auf den Therapeuten), **Deuten von Widerständen:** Unbewusstes wird hervorgeholt, negative Gefühlte tauchen wieder auf und Pat. sträubt sich dagegen, z. B. durch Schweigen
- **Gegenübertragung:** unbewusste und automatische emotionale Reaktion des Therapeuten auf die Übertragung des Patienten (unerwünscht, stört den Therapieerfolg, Gegenübertragung vermeiden → Supervision!. **Regression in der Psychoanalyse:** Pat. begibt sich zurück in frühkindliche Lebensabschnitte (durch „Liegen" gefördert)

(13.12) Abwehrmechanismen

- **Delegation** → *Übertragung von Verantwortung:* Aufträge, Konflikte, Wünsche, etc. werden unbewusst an andere Personen vermittelt u. so für diese handlungsbestimmend („mein Kind schafft es für mich, … soll mal Ärztin werden").
- **Double-Bind** → *paradoxes Kommunikationsmuster* mit widersprüchlichen Botschaften
- **Identifikation bzw. Introjektion** → *Verinnerlichung,* eigene Triebe werden dabei unterdrückt und Persönlichkeitseigenschaften anderer Personen übernommen (ein Kind will wie seine Eltern oder ein Popstar sein).
- **Isolierung (z. B. Affektisolierung)** → *Lösen des Zusammenhanges,* bestimmte Gedanken oder Gefühle werden von anderen Gedankenverknüpfungen isoliert und unschädlich gemacht (z. B. lachen oder weinen bei anderer Gelegenheit).
- **Kollusion nach Willi** → *unbewusstes Zusammenspiel in Partnerbeziehungen aufgrund frühkindlicher Konflikte:* leben entgegengesetzte, sich zunächst aber ergänzende "Lösungen" der Konflikte aus („Schlüssel zum Schloss", „Gegensätze ziehen sich an", Bsp.: Partner 1 narzisstisch/will bewundert werden. Partner 2 lebt Narzissmus nicht und bewundert.)
- **Konversion (früher „Hysterie")** → *psychischer Konflikt macht sich mit Ausdruckscharakter (symbolisch) als körperliches Symptom bemerkbar* (Bsp.: Frau hat keine Lust auf die Hausarbeit und entwickelt Lähmungserscheinungen der Hände)
- **Perversion (sexuelle Devianz)** → *fehlgeleiteter Sexualtrieb,* normale Sexualität wird ersetzt durch ritualisierte Inszenierungen mit suchtartigem Charakter (Bsp.: Exhibitionismus, Fetischismus, Pädophilie, Päderastie, Sadismus, Masochismus, Voyeurismus, Frotteurismus, Sodomie, Erotophonie (Befriedigung durch obszöne Telefonanrufe))

- **Projektion** → *eigene unakzeptierte Impulse, Wünsche und Bedürfnisse werden auf andere übertragen und dort thematisiert sowie kritisiert.* (Bsp.: Sagt die eifersüchtige Frau zu ihrem Mann: „Du nervst mich mit Deiner Eifersucht!")

- **Psychosoziale Abwehr** → *Handlungen, zu denen man andere anstiftet, zu denen man sich selbst nicht getraut hat und sich damit entlastet* („Sündenbocksymptomatik").

- **Rationalisierung bzw. Intellektualisierung** → *Scheinargumente:* für nicht akzeptierte Verhaltensweisen werden scheinbar vernünftige Gründe vorgeschoben. (Bsp.: Alkoholabhängiger trinkt einen Schnaps und äußert dem HPP gegenüber, „Das ist nur wegen meinem Magen.")

- **Reaktionsbildung bzw. Wendung ins Gegenteil** → *Triebumkehr.* (Bsp.: von Feindlichkeit/Hass (wir lehnen eine Person innerlich stark ab) zu übertriebener Freundlichkeit (und sind daraufhin besonders nett und freundlich zu der Person))

- **Regression** → *Rückfall in frühere kindliche Verhaltensweisen* bzw. Entwicklungsstufen (z. B. bei Depressionen). Regression entsteht aber auch bei Gefahr, in Stresssituationen oder bei Überforderung!

- **Spaltung** → p*ersönliche Ereignisse werden in Gut oder Böse aufgeteilt.*

- **Sublimierung** → *Verschiebung von Triebwünschen in leichter erreichbare Ziele bzw. gesellschaftlich anerkannte Verhaltensweisen,* Energie wird quasi umgeleitet (z. B. die Liebesbedürftigkeit fließt in soziale, fürsorgliche Aktivitäten und die Phantasiebefriedigung, Wunschvorstellungen oder Tagträume stehen an Stelle der realen Konfliktsituation).

- **Ungeschehenmachen** → *eine konflikthafte Ursache (unbewusste oder bewusste Schuldgefühle) soll durch magische Handlungen (z. B. Zwangssymptome) aufgehoben werden.*

- **Verdrängung** → das Unangenehme von sich weg schieben und so tun, als ob man gar nicht mehr weiß, worum es ging. (Bsp.: Sagt die gekränkte Ehefrau: „Eigentlich bin ich gar nicht mehr gekränkt.")

- **Verleugnung** → *Etwas nicht wahrhaben wollen, reale Dinge werden ignoriert,* was häufig bei körperlichen Erkrankungen stattfindet. (Bsp.: Ein Patient sagt: „Der Arzt lügt und will mir erzählen, dass ich an Krebs leide.")

- **Vermeidung** → *Triebregungen werden umgangen, indem Schlüsselreize vermieden werden* (Bsp.: HPP meidet Schreibtisch ☺)

- **Wendung gegen das Selbst** → *eigene Impulse können nicht nach außen gehen, wenden sich gegen das eigene Selbst.*

(13.13) Wichtiges zur Verhaltenstherapie

- **KLASSISCHE KONDITIONIERUNG** → Wenn ein unbedingter Reiz (Schlüsselreiz/Auslöser) lange genug mit einem neutralen (bedingten) Reiz (Objekt oder Situation) zusammen auftritt, dann kommt es zur Ausbildung einer automatisierten Assoziation und es tritt die nun konditionierte Reaktion auch bei Weglassen des unbedingten Reizes auf → der neutrale Reiz wird zu einem reaktionsauslösenden Reiz *("Pawlow'scher Hund", "Fliegeralarm")*.

    ⇨ Bsp.: Phobien (Aviophobie) → Wenn ein unbedingter Reiz (Turbulenzen) lange genug mit einem neutralen (bedingten) Reiz (Flugzeug) zusammen auftritt, dann kommt es zur Ausbildung einer automatisierten Assoziation (Fliegen = Gefahr) und es tritt die nun konditionierte Reaktion auch bei Weglassen des unbedingten Reizes auf → der neutrale Reiz Flugzeug wird zu einem reaktionsauslösenden Reiz „Angst vorm Fliegen". Dies führt z. Vermeidungsverhalten (Pat. steigt in kein Flugzeug mehr) und u. U. zur Reizgeneralisierung (Pat. hat vor immer mehr Objekten o. Situationen Angst).

    ⇨ **Therapie:** Klassisch konditioniertes Verhalten wird durch **Flooding (Reizüberflutung** → wiederholtes isoliertes Anbieten eines neutralen Reizes) oder **Gegenkonditionierung (Angsthierarchie aufstellen, systematische Desensibilisierung nach Wolpe,** phobische Situation mit Entspannung verknüpfen → **reziproke Hemmung** von Angst u. Entspannung) therapiert.

- **AVERSIONSTHERAPIE (aversive Gegenkonditionierung)** → ein bislang attraktiver Reiz (z. B. Koffein, Nikotin oder Alkohol) wird durch die zeitliche Koppelung mit einem unangenehmen Reiz (z. B. schmerzhafter, ungefährlicher elektrischer Schlag, Brechmittel) negativ besetzt (Bsp.: Disulfiram → Übelkeit nach Alkoholkonsum soll Abstinenzquote verbessern).

- **OPERANTE KONDITIONIERUNG** → Ein Verhalten wird durch seine Konsequenzen bestimmt: Erfolg, Belohnung oder Bestrafung (z. B. merkt ein Kind, wenn es immer bei den Süßwaren an d. Kasse quengelt, bekommt es etwas). *("Skinner")*
    a) **Verhalten, das erfolgreich ist o. belohnt wird** (angenehme Folgen/Wegfall einer Bestrafung) wird häufiger wiederholt.
    b) **Verhalten mit unangenehmen bzw. negativen Folgen** (Bestrafung) nimmt in der Häufigkeit ab.
    c) **Verhalten, dass intermittierend verstärkt wird** (unregelmäßig, nicht jedes Mal belohnt wird) ist besonders schwer wieder zu verlernen (Löschungsresistenz).

Verstärker beim operanten Konditionieren

1. positive Verstärkung (Belohnung, Bekräftigung, z. B. Süßigkeiten als Belohnung für gute Zensuren) und 2. negative Verstärkung (Wegfallen einer Bestrafung, z. B. weniger Schmerzen durch Medikamenteneinnahme, Vermeidung b. Phobien) führen zur Häufung der Auftretenswahrscheinlichkeit des Verhaltens. 3. direkte Bestrafung sowie 4. indirekte Bestrafung (z. B. Pat. mit Anorexia Nervosa bei erneuter Gewichtsabnahme Zugang zu Sportgeräten einschränken) führen zur Abnahme der Auftretenswahrscheinlichkeit des Verhaltens. 5. Extinktion/Löschung/Time-Out (keine positiven Verstärker): z. B. keine Süßigkeiten für quengelndes Kind mehr an der Supermarktkasse → Löschung von unerwünschtem Verhalten

OPERANTE VERFAHREN → operante Konditionierung z. B. über Modell-/Diskriminationslernen, Tocen Economy, Biofeedback

- **Modell- bzw. Beobachtungslernen (Albert Bandura)** → Lernen d. Beobachtung von Vorbildern und deren Verhaltensweisen.

- **DISKRIMINATIONSLERNEN** → Pat. lernt, verschiedene Reize in ihrer Wichtigkeit zu unterscheiden (z. B. schriftliche Prüfung)

- **TOCEN ECONOMY** → Münzverstärkungsprogramme: Ein erwünschtes Verhalten wird positiv verstärkt (d. h. unmittelbar auf das erwünschte Verhalten werden Münzen, Punkte, Perlen o. ä. für ein positives Verhalten verteilt)

- **BIOFEEDBACK** → Computergestützt werden vegetative Prozesse sichtbar (optisch) bzw. hörbar (akustisch) gemacht, so dass der Pat. seinen Körper und dessen Reaktionen besser kennen lernen und einen bewussten Einfluss auf die beobachtbaren Körperfunktionen (z. B. Muskeltonus oder Herzfrequenz) nehmen kann.

- **SELBSTSICHERHEITSTRAINING** → Durch Rollenspiele kann Spontanität und adäquates Verhalten in der Gruppe gelernt werden.

KOGNITIVE THERAPIE → Verhaltenstherapie speziell zur Depressionsbehandlung (soll krankmachende, depressiv-negative Sichtweisen und automatische Gedankengänge des Pat. bewusstmachen und abbauen indem falsche Gedankengänge umerzogen werden („Re-Education")).
Kognitive Triade der Depression nach Beck: negatives Selbstbild, subjektive Überforderung, negative Zukunftsängste.

⇨ **Beispiele für kognitive Verhaltenstechniken** → **Reattribuierung** (Neubewertung der Ursachen der Krankheit), **Eigeninstruktion** (Pat. soll zur Selbstmotivation lernen, sich selbst ein Ziel zu setzen und sich dafür Kontroll- und Belohnungsmechanismen zurechtlegen), **Gedankenstopp** (Pat. lernt, unerwünschte Gedankengänge zu unterbrechen), **Antizipation** (Vorwegnahme des positiven oder negativen Verhaltensmusters).

(13.14) Voraussetzungen des Patienten für eine Therapie

- Therapiemotivation (Leidensdruck), Konfliktbereitschaft, Frustrationstoleranz, Selbstreflektion, Ausdauer. Bei bestimmten Therapieformen (z. B. Psychoanalyse) bestimmte Intelligenz.
- **Rolle des HPP** → Förderung von Problembewusstsein, Motivation, Verhaltensänderung, Stabilisierung und Rückfallprophylaxe

Raum für eigene Notizen

Kapitel 14) Gesetzeskunde

Berufs- und Gesetzeskunde → Grenzen und Gefahren diagnostischer und therapeutischer Methoden bei der Ausübung einer Tätigkeit als Heilpraktiker(in) beschränkt auf das Gebiet der Psychotherapie („keine Gefahr für die Volksgesundheit")

Praxiseröffnung Wen informieren? → Gesundheitsamt Niederlassungsort, örtliches Finanzamt, Berufsgenossenschaft für Gesundheitsdienst und Wohlfahrtspflege (BGW)
Honorar HPP → lt. § 611 BGB frei zu vereinbaren, falls nicht vor Behandlung vereinbart: GebüH
Kurierfreiheit → kein Zwang, Patienten zu behandeln (außer Notfall), in aussichtslosen Fällen Behandlung abbrechen!

(14.1) Heilpraktikergesetz (HeilprG)

„Gesetz über die berufsmäßige Ausübung der Heilkunde ohne Bestallung (Approbation)" vom 17.02.1939 (zuletzt geändert 2001).

- **§ 1 des HeilprG:** (1) Wer die Heilkunde, ohne als Arzt bestallt zu sein, ausüben will, bedarf dazu der Erlaubnis (2) Ausübung der Heilkunde im Sinne dieses Gesetzes ist jede berufs- oder gewerbsmäßig vorgenommene Tätigkeit zur Feststellung, Heilung oder Linderung von Krankheiten, Leiden oder Körperschäden bei Menschen, auch wenn sie im Dienste von anderen ausgeübt wird. **(Anmerkung: Selbst das Erstellen einer Diagnose fällt schon unter das HeilprG!)** (3) Wer die Heilkunde bisher berufsmäßig ausgeübt hat und weiterhin ausüben will, erhält die Erlaubnis nach Maßgabe der Durchführungsbestimmung; er führt die Berufsbezeichnung "Heilpraktiker".

- **§ 2 des HeilprG:** (1) Wer die Heilkunde, ohne als Arzt bestallt zu sein, bisher berufsmäßig nicht ausgeübt hat, kann eine Erlaubnis nach § 1 in Zukunft ... erhalten.

- **§ 3 des HeilprG:** Die Erlaubnis nach § 1 berechtigt nicht zur Ausübung der Heilkunde im Umherziehen.

- **Durchführungsverordnung;** Voraussetzungen für Erhalt der Erlaubnis nach DVO → 1. Vollendetes 25. Lebensjahr, 2. mindestens abgeschlossene Volksschulbildung (Hauptschulabschluss) 3. keine wesentlichen Vorstrafen (Führungszeugnis) 4. keine körperlichen, geistigen Leiden oder Sucht (ärztliches Zeugnis) 5. bestandene Amtsarztprüfung.

(14.2) Psychotherapeutengesetz (PsychThG)

Vom 1.1.1999, regelt in Deutschland die Ausübung der Psychotherapie mit Approbation (staatlicher Anerkennung). Begriff des „Psychotherapeuten" wird durch das PsychThG geschützt, ebenso Berufsbezeichnungen „Psychologischer Psychotherapeut" (für Erwachsene) und „Kinder- und Jugendlichenpsychotherapeut" (unter 21 Jahre). Psychotherapie nach dem PsychThG beinhaltet die "Feststellung, Heilung oder Linderung von Störungen mit Krankheitswert, bei denen Psychotherapie indiziert ist". PsychThG legt auch fest, dass im Rahmen einer psychotherapeutischen Behandlung eine "somatische Abklärung herbeizuführen ist".

(14.3) Unterbringung psychisch Kranker

- **Unterbringungsgesetze der Länder bzw. Psychisch-Kranken-Gesetze (PsychKG)** → *bei Eigen- oder Fremdgefährdung den psychisch kranken Pat. gegen seinen Willen einer stationären Behandlung zuführen* (freiheitsentziehende Maßnahme ohne seine Zustimmung/Einweisung in ein psychiatrisches Krankenhaus) → **Ländergesetze** (in jeweiligem Bundesland erkundigen!) **Ablauf:** akute Eigen- und/oder Fremdgefährdung → Polizei bringt den Patienten in die Klinik → ein psychiatrieerfahrener Arzt untersucht/stellt die Diagnose (Einweisung längstens bis zum Ablauf des folgenden Tages in Niedersachsen, bitte für jeweiliges Bundesland erkundigen!) → Vormundschaftsgericht entscheidet über die Unterbringung (da Einschränkungen der Grundrechte auf körperliche Unversehrtheit und Freiheit der Person (Art. 2 GG), Unverletzlichkeit Briefgeheimnis, Postgeheimnis und Fernmeldegeheimnis (Art. 10 GG) u. Wohnung (Art. 13 GG)).

- **StGB (§§ 63, 64)** – Unterbringung in speziellen Abteilungen oder Krankenhäusern für forensische Psychiatrie/Maßregelvollzug (Täter für die Allgemeinheit gefährlich!). **Unterbringung in einer psychiatrischen Krankenanstalt (§ 63 StGB)** → Unterbringung psychisch kranker Rechtsbrecher (rechtswidrige Tat im Zustand der Schuldunfähigkeit (§ 20) oder der verminderten Schuldfähigkeit (§ 21) begangen) in einem psychiatrischen Krankenhaus (freiheitsentziehende Maßnahme) **Unterbringung in einer Entziehungsanstalt (§ 64 StGB)** → wenn Aussicht besteht, Pat. durch die Behandlung in einer Entziehungsanstalt zu heilen oder über eine erhebliche Zeit vor dem Rückfall in den Hang zu bewahren und von der Begehung erheblicher rechtswidriger Taten abzuhalten, die auf ihren Hang zurückgehen.

- **Betreuungsgesetz** (BtG, Artikelgesetz, §§ 1896 – 1908 BGB) → Bundesgesetz, am 01. Januar 1992 bundesweit in Kraft getreten → regelt Bedingungen, unter denen eine Person für bestimmte Lebensbereiche (z. B. Entscheidung über ärztliche Behandlungen, Vermögensfragen, Vertretung gegenüber Behörden oder das Aufenthaltsbestimmungsrecht) eine Betreuung erhält → **Ziel:** Verbesserung der Situation psychisch Kranker (Pat. bleibt geschäftsfähig und darf in anderen Lebensfragen eigenständig handeln (z. B. Wahlrecht oder Heirat/Ehefähigkeit).

Paukbuch Heilpraktiker Psychotherapie (HPP) – effektive Vorbereitung für Prüfung & Praxis

Es folgen wichtige Hinweise zum Betreuungsgesetz:

- **Voraussetzungen** → Erwachsene, die aufgrund einer psychischen Krankheit oder einer körperlichen, geistigen oder seelischen Behinderung ihre Angelegenheiten ganz oder teilweise nicht besorgen können.
- **Erforderlichkeitsgrundsatz** → soll gewährleisten, dass grundsätzlich streng geprüft wird, ob eine Maßnahme nach dem BtG wirklich notwendig ist, da die Rechte der betreuten Person eingeschränkt werden (1. Betreuungsgericht bestellt auf Antrag des Pat. oder von Amts wegen für ihn einen Betreuer, 2. Betreuer darf nur für Aufgabenkreise bestellt werden, in denen die Betreuung erforderlich ist, 3. Entscheidung über den Fernmeldeverkehr des Betreuten und über die Entgegennahme, das Öffnen und das Anhalten seiner Post werden vom Aufgabenkreis des Betreuers nur dann erfasst, wenn das Gericht dies ausdrücklich angeordnet hat.)
- **Einwilligungsvorbehalt** → der gesetzlich bestimmte Betreuer muss für bestimmte Entscheidungen seine Einwilligung geben (z. B. größere finanzielle Ausgaben bei einer Manie); wird vom Vormundschaftsgericht beschlossen!
- **Einwilligungsunfähigkeit** → Pat. ist nicht in der Lage, Nutzen und Risiken einer medizinischen Maßnahme abzuwägen und ihr zuzustimmen.
- **Unterbringung nach BtG** → bei **Eigengefährdung** oder **wenn eine Untersuchung des Gesundheitszustands, eine Heilbehandlung oder ein ärztlicher Eingriff notwendig ist,** ohne die die Unterbringung des Betreuten nicht durchgeführt werden kann und der Betreute auf Grund einer psychischen Krankheit oder geistigen oder seelischen Behinderung die Notwendigkeit der Unterbringung nicht erkennen oder nicht nach dieser Einsicht handeln kann. (Die Dauer einer gerichtlich angeordneten Unterbringung nach dem BtG darf 2 Jahre nicht überschreiten. Im Fall einer akuten Gefährdung des Betroffenen kann eine Unterbringung für längstens 6 Wochen angeordnet werden.)

(14.4) BGB

- **Geschäftsunfähigkeit (§ 104 BGB)** → Geschäftsunfähig ist: 1. wer nicht das siebente Lebensjahr vollendet hat 2. wer sich in einem die freie Willensbestimmung ausschließenden Zustand krankhafter Störung der Geistestätigkeit befindet, sofern nicht der Zustand seiner Natur nach ein vorübergehender ist. **Nichtigkeit der Willenserklärung (§ 105 BGB)** → (1) Die Willenserklärung eines Geschäftsunfähigen ist nichtig. (2) Nichtig ist auch eine Willenserklärung, die im Zustand der Bewusstlosigkeit oder vorübergehenden Störung der Geistestätigkeit abgegeben wird.

- **Minderjährige (§ 828 BGB)** → (1) Wer nicht das siebente Lebensjahr vollendet hat, ist für einen Schaden, den er einem anderen zufügt, nicht verantwortlich. (2) Wer das siebente, aber nicht das zehnte Lebensjahr vollendet hat, ist für den Schaden, den er bei einem Unfall mit einem Kraftfahrzeug, einer Schienenbahn oder einer Schwebebahn einem anderen zufügt, nicht verantwortlich. Dies gilt nicht, wenn er die Verletzung vorsätzlich herbeigeführt hat. (3) Wer das 18. Lebensjahr noch nicht vollendet hat, ist, sofern seine Verantwortlichkeit nicht nach Absatz 1 oder 2 ausgeschlossen ist, für den Schaden, den er einem anderen zufügt, nicht verantwortlich, wenn er bei der Begehung der schädigenden Handlung nicht die zur Erkenntnis der Verantwortlichkeit erforderliche Einsicht hat.

- **Testierfähigkeit Minderjähriger, Testierunfähigkeit (§ 2229 BGB)** → (1) Ein Minderjähriger kann ein Testament erst errichten, wenn er das 16. Lebensjahr vollendet hat. (2) Der Minderjährige bedarf zur Errichtung eines Testaments nicht der Zustimmung seines gesetzlichen Vertreters. *(3): weggefallen.* (4) Wer wegen krankhafter Störung der Geistestätigkeit, wegen Geistesschwäche oder wegen Bewusstseinsstörung nicht in der Lage ist, die Bedeutung einer von ihm abgegebenen Willenserklärung einzusehen und nach dieser Einsicht zu handeln, kann ein Testament nicht errichten.

(14.5) StGB

Schuldfähigkeit

→ § 19 StGB: Schuldunfähig ist laut StGB, wer bei der Begehung der Tat noch nicht 14 Jahre alt ist.

→ § 20 StGB: Schuldunfähigkeit wegen seelischer Störungen (4 Kategorien der Schuldunfähigkeit):

1. **Krankhafte seelische Störung** (hirnorganische Erkrankungen, z. B. Demenz sowie endogene Psychosen, z. B. Schizophrenie, affektive Störungen) 2. **Tiefgreifende Bewusstseinsstörung** 3. **Oligophrenie** (IQ unter 70) 4. **Schwere andere seelische Abartigkeit** (z. B. Persönlichkeitsstörungen, schwere Neurosen)

→ § 21 StGB: verminderte Schuldfähigkeit (Pat. kann Unrecht nicht einsehen/starker Alkohol- oder Rauschgiftgenuss)

(14.6) UWG

Gesetz über den unlauteren Wettbewerb (UWG)/Werbegesetz → 1. generelles Wettbewerbsverbot 2. keine akademischen Grade führen, die nicht an einer deutschen Hochschule erworben wurden 3. bei Vorträgen, o. ä. kein Hinweis auf Praxisadresse (Privatadresse angeben!), keine Behandlung im Anschluss (Heilkunde im Umherziehen!) 4. Praxisschild unaufdringlich 5. Anzeigen nur in Tageszeitung und zu Neueröffnung/Umzug, bestimmte Größe, max. 3 in den ersten drei Monaten 6. Patientenbehandlung nicht kostenlos! 7. Patienten dürfen nicht gegen Geld o. ä. zugewiesen werden 8. Werbemittel müssen geringen Wert besitzen 9. mit Krankengeschichten nur in Fachkreisen werben.

(14.7) BOH

Berufsordnung Heilpraktiker (BOH) → Vereinssatzung mit empfehlendem Charakter (teilweise jedoch BGB!)

1. Behandlungspflicht → Behandlung darf nicht zur Unzeit abgebrochen werden **2. Aufklärungspflicht** → Patient muss sachgerecht aufgeklärt werden und selbst bestimmen können. **3. Dokumentationspflicht** → Alle durchgeführten Maßnahmen müssen dokumentiert und 10 Jahre aufbewahrt werden. **4. Schweigepflicht/Datenschutz** → Schweigepflicht zum Schutz der Privatsphäre des Patienten und Verbot von Datenweitergabe jeglicher Art. **5. Sorgfaltspflicht** → Alle Maßnahmen müssen sorgfältig und gewissenhaft ausgeführt werden. **6. Fortbildungspflicht**.

> ****************************** **Achtung:** Heilungsversprechen jeglicher Art sind unzulässig! ******************************

(14.8) sonstige Gesetze

- § 174 StGB → sexueller Missbrauch von Schutzbefohlenen (Versuch ist strafbar!)
- § 611 BGB → Behandlungsvertrag (Behandlung muss vergütet werden, auch wenn sie nicht helfen sollte)
- SGB V → die Leistungen eines Heilpraktikers für Behandlungen nach der gesetzlichen Krankenversicherung, Rentenversicherung (Kurbehandlungen) und Unfallversicherung sind nicht erstattungsfähig (Pat. darauf hinweisen!)
- §§ 43 und 44 SGB IV → Berufs- und Erwerbsunfähigkeit
- § 323 c StGB → unterlassene Hilfeleistung (obwohl erforderlich und zumutbar)
- Berufsordnung für Ärzte → keine Gemeinschaftspraxis mit Ärzten möglich!
- Heilmittelwerbegesetz (HWG) → keine Fernbehandlung/am Telefon Ratschläge geben!
- HPP darf keine Gutachten mit rechtlicher Relevanz vor Gericht schreiben
- Arzneimittelgesetz (AMG) → HPP dürfen nur freiverkäufliche Arzneimittel (im Bereich der Psyche) empfehlen

Kapitel 15) Psychopharmaka

	Antidepressiva	Neuroleptika	Phasenprophylaktika	Sedativa & Hypnotika
Wirkweise	stimmungsaufhellend, sedierend oder antriebssteigernd	antipsychotisch	stimmungsstabilisierend	**Sedativa:** angstlösend und entspannend **Hypnotika:** Schlaf erzeugend
Einsatzgebiete	Depressionen Angsterkrankungen Zwangsstörungen	Schizophrenie, akute Manie, psychotische (wahnhafte) Depressionen	affektive und schizoaffektive Störungen	akute Angst- und Unruhezustände
Klassifikation	**Klassische Antidepressiva** tri- und tetrazyklische Antidepressiva, MAO-Hemmer (Monoaminooxidase-Hemmer) **Neuere Antidepressiva** SSRIs (selektive Serotonin-Wiederaufnahme-Hemmer) SNRIs/ NARIs (selektive Noradrenalin-Wiederaufnahme-Hemmer) SSNRIs (duale Serotonin- und Noradrenalin-Wiederaufnahme-Hemmer) **Pflanzliches Antidepressivum** Johanniskraut (Hypericum perforatum)	**Niedrig-, mittel- und hochpotente Neuroleptika** (niedrigpotente NL wirken stark sedierend und schwach antipsychotisch, hochpotende Neuroleptika wirken stark antipsychotisch und schwach sedierend) **Atypische Neuroleptika** (im Gegensatz zu den klassischen (typischen) NL zeichnen sich diese durch eine geringe oder fehlende Auslösung extrapyramidalmotorischer Nebenwirkungen bei guter antipsychotischer Wirkung aus)	**Lithium** (v. a. Prophylaxe bipolar und unipolar affektiver Störungen) **Carbamazepin** (Antiepileptikum, Phasenprophylaxe bipolar affektiver Störungen) **Valproinsäure** (Antiepileptikum, Akuttherapie manischer Syndrome, Phasenprophylaxe) **Lamotrigin** (Antiepileptikum, Rückfallprophylaxe bei Patienten mit Bipolar-I-Störung und überwiegend depressiven Episoden)	Benzodiazepine (anxiolytisch, sedierend, hypnotisch, muskelrelaxierend, antikonvulsiv) Non-Benzodiazepine Pflanzliche Hypnotika (Kava „Rauschpfeffer", Baldrian, Hopfen) Sonstige (Betablocker, Hydroxizin, Buspiron, AD, Chloralhydrat)

Paukbuch Heilpraktiker Psychotherapie (HPP) – effektive Vorbereitung für Prüfung & Praxis

	Antidepressiva	Neuroleptika	Phasenprophylaktika	Sedativa & Hypnotika
Nebenwirkungen	**Akut/initial:** Mundtrockenheit, Kopfschmerzen, Benommenheit, Unruhe, Schlaflosigkeit, gastrointestinale Beschwerden (Übelkeit, Diarrhoe bzw. Durchfall, Obstipation bzw. Verstopfung) **Langzeittherapie:** Gewichtszunahme, sexuelle Dysfunktion, Schlafstörungen, emotionale, kognitive sowie kardiale Nebenwirkungen, Schwindel und verstärktes Schwitzen	**NL allgemein:** zerebrovaskuläre Störungen, Krampfanfälle, metabolisches Syndrom, sex. Funktionsstörungen, kardiale Nebenwirkungen, vegetative Nebenwirkungen **Typische NL:** extrapyramidal-motorische Nebenwirkungen, malignes neuroleptisches Syndrom, Mundtrockenheit, delirante und depressive Symptome **Atypische NL:** Sedierung, vermehrter Speichelfluss, Temperaturerhöhung	**Lithium akut/ initial:** Polyurie/Polydipsie, gastrointestinale Beschwerden, Händetremor, Muskelschwäche, Müdigkeit **Langzeittherapie:** Jodmangelkropf, Gewichtszunahme, verstärkte Alkoholempfindlichkeit, selten Gesichts- und Knöchelödeme **Carbamazepin akut/initial:** Sedierung, Benommenheit **Langzeittherapie:** allergische Hauterscheinungen **Valproinsäure:** gastrointestinale Beschwerden, Tremor, Ataxie, teratogene Effekte **Lamotrigin:** gefährliche Haut- und Schleimhautreaktionen	**Benzodiazepine:** Müdigkeit, Konzentrationsschwäche, Verlangsamung Reaktionszeit, Muskelrelaxation **Barbiturate:** Hangover-Effekte, Müdigkeit, Konzentrationsschwäche, bei Überdosierung Atemdepression, bei plötzlichem Absetzen Albträume, Unruhezustände, delirante Symptome, Anfälle
Gut zu wissen	Wirklatenzzeit 2 - 3 Wochen, Erhaltungszeitraum 6 Monate, Rezidivprophylaxe	Gefahr lebensbedrohlicher Infektionen (1 – 2 %), malignes neuroleptisches Syndrom (1 %) führt in 20 – 30 % der Fälle zum Tod	bei Lithium schnell Intoxikationssymptome (Spiegel, Pass), Flüssigkeitszufuhr, nicht abrupt absetzen	größtes Abhängigkeitspotential (nicht länger als 3 - 4 Wochen nehmen)

(15.1) Was sind eigentlich Psychopharmaka?

Psychopharmaka sind Substanzen, die einen psychotropen Effekt auf das zentrale Nervensystem ausüben und die zur Behandlung psychischer Erkrankungen eingesetzt werden. Sie beeinflussen die Psyche oder das Bewusstsein des Menschen.

(15.2) Welche Psychopharmaka unterscheiden wir?

- Antidepressiva, Neuroleptika, Phasenprophylaktika, Anxiolytika und Hypnotika, Antidementiva/Nootropica
- Sonstige Psychopharmaka (Behandlung von Abhängigkeiten, Psychostimulanzien, Psychopharmaka im Alter sowie in Schwangerschaft und Stillzeit)

(15.3) Wie wirken die verschiedenen Psychopharmaka?

- **Antidepressiva** wirken stimmungsaufhellend und (je nach Wirkstoff) sedierend, psychomotorisch dämpfend oder antriebssteigernd.
- **Neuroleptika** wirken antipsychotisch (dämpfend auf psychomotorische Erregtheit, aggressives Verhalten, psychotische Sinnestäuschungen, Wahndenken, katatone Symptome und Ich-Störungen).
- **Phasenprophylaktika** wirken stimmungsstabilisierend.
- **Anxiolytika** wirken angst- und spannungslösend (auch sedierend). **Hypnotika** (Schlafmittel) wirken Schlaf erzeugend.
- **Antidementiva (Nootropica)** verbessern das Gedächtnis, die Aufmerksamkeit und Konzentrationsfähigkeit

(15.4) Welche Psychopharmaka haben das größte Missbrauchs- und Abhängigkeitspotenzial?

Anxiolytika und Hypnotika. Die Gefahr einer psychischen und physischen Abhängigkeit ist z. B. bei den Benzodiazepinen sehr hoch. Daher sollten sie nicht länger als 3 - 4 Wochen verordnet werden. Die Dosierung sollte möglichst niedrig sein und abhängigkeitsgefährdete Patienten sollten diese Substanzen nicht erhalten (Alternativmedikation).

Kapitel 16) Lernübersicht

Nun folgt eine Übersicht der Themen, die Sie bis zur Prüfung „drauf haben sollten". Schauen Sie bitte einmal die folgende Übersicht durch, ob Sie bereits zu jedem Thema etwas sagen können! Es wäre schön, wenn Sie die nun verbleibenden Lücken noch nacharbeiten, um sicher in die Prüfung zu gehen!

Raum für eigene Notizen

....

....

....

Lernübersicht (triadische Einteilung der psychischen Störungen)

(16.1) exogene Psychosen

- I. Exogene Psychosen (körperlich begründbare psychische Störungen)
    a) akut (reversibel)
        → mit Bewusstseinsstörungen: Delir, Dämmerzustand, amentielles Syndrom
        → ohne Bewusstseinsstörungen: organische Halluzinose, Korsakow-Syndrom („Durchgangssyndrome")
    b) chronisch (nicht reversibel)
        → Demenz (Alzheimer, vaskuläre D., D. bei Pick-Krankheit, usw.)
        → organische Persönlichkeitsstörung („organische Wesensveränderung")

(16.2) endogene Psychosen

II. Endogene Psychosen ((noch) nicht körperlich begründbare psychische Störungen)

    a) affektive Störungen

        → unipolare depressive Einzelepisoden oder rezidivierend (Symptome mind. 2 Wochen)

        → unipolare manische Einzelepisoden oder rezidivierend (Symptome mind. 1 Woche)

        → bipolare affektive Störung („manisch-depressiv"/„himmelhochjauchzend - zu Tode betrübt")

        → Zyklothymia **(dauerhafte Instabilität der Stimmung mit Depression und Hypomanie > 2 Jahre)**

    b) Schizophrenien und schizotype Störung

    c) anhaltende wahnhafte Störungen (Paranoia)

    d) schizoaffektive Störungen (schizodepressiv, schizomanisch, schizoaffektiv gemischt)

(16.3) neurotische Störungen

III. Psychogene Störungen (neurotische bzw. psychoreaktive Störungen)

    a) **„neurotische" Störungen**

        → Angststörungen (Phobien, Panikstörungen, generalisierte Angststörung frei flottierende Angst > 6 Monate)

        → Dysthymia (anhaltende depressive Störung > 2 Jahre)

        → Zwangsstörungen

        → Dissoziative Störungen („Konversionsneurosen")

        → Neurasthenie (Erschöpfung, Müdigkeit, verminderte Leistungsfähigkeit)

b) **Reaktionen auf schwere Belastungen und Anpassungsstörungen**
   → akute Belastungsreaktion (Stunden bis wenige Tage)
   → Anpassungsstörungen (bis 6 Monate, bei depressiven Anpassungsstörungen bis 2 Jahre)
   → posttraumatische Belastungsreaktion (lang anhaltend nach existentiell bedrohlichem Erlebnis)

c) **Persönlichkeitsstörungen**
   → paranoide Persönlichkeitsstörung: („alle arbeiten gegen mich").
   → schizoide Persönlichkeitsstörung: kühl, abweisend, überempfindlich
   → dissoziale Persönlichkeitsstörung; antisoziales Verhalten, Mangel an Empathie
   → emotional-instabile Persönlichkeitsstörung: stark schwankende Stimmung (2 Unterformen):
      1) Impulsiver Typ → mangelnde Impulskontrolle (aggressiv, reizbar, explosiv)
      2) Borderline- Typ → selbstschädigendes Verhalten, „Schwarz-weiß-Denken"
   → histrionische Persönlichkeitsstörung: theatralisches Verhalten, Verlangen nach Lob und Anerkennung
   → anankastische [zwanghafte] Persönlichkeitsstörung: Perfektionismus, starre Regeln, Pedanterie
   → ängstliche (vermeidende) Persönlichkeitsstörung: angespannt, unsicher, empfindsam
   → abhängige (dependente, asthenische) Persönlichkeitsstörung: ohne Selbstvertrauen, „hilflos"
   → sonstige spezifische Persönlichkeitsstörungen: exzentrische, haltlose, narzisstische, passiv-aggressive, psychoneurotische und unreife Persönlichkeit(sstörung).
   → andauernde Persönlichkeitsänderung nach Extrembelastung → > 2 Jahre nach katastrophaler Belastung
   → andauernde Persönlichkeitsänderung nach psychischer Krankheit → > 2 Jahre nach psychischer Erkrankung

d) **somatoforme Störungen** („psychosomatische Störungen", DD: „larvierte" Depression u. dissoziative Störungen!)
   → somatoforme autonome Funktionsstörung/somatoforme Schmerzstörung (vorwiegend ein Organsystem)
   → Somatisierungsstörung (mehrere Organsysteme ohne klare Präferenz > 2 Jahre)
   → hypochondrische Störung (Angst vor körperlicher Erkrankung, ängstliche Zuwendung körperlichen Äußerungen)

(16.4) Außerdem lernen

⇨ Psychopathologie

⇨ Abhängigkeiten

⇨ Verhaltensauffälligkeiten (z. B. Ess-, Schlaf- und sexuelle Störungen)

⇨ Verhaltensstörungen (z. B. Störungen der Impulskontrolle, der Geschlechtsidentität u. Sexualpräferenz, „Münchhausen-Syndrom")

⇨ Intelligenzstörungen

⇨ Entwicklungsstörungen

⇨ Verhaltens- und emotionale Störungen mit Beginn in der Kindheit und Jugend

⇨ psychiatrische Notfälle/Suizidalität

⇨ Psychopharmaka

⇨ Gesetzeskunde

Abschlussfrage:

Warum wollen Sie Heilpraktiker bzw. Heilpraktikerin auf dem Gebiet der Psychotherapie werden?

Bitte überlegen Sie sich für die mündliche Prüfung vorher, was Sie antworten werden. Dies wird Ihnen, gerade wenn Sie aufgrund der Prüfungssituation aufgeregt sind, weiterhelfen.

Ihre Antwort:

Herzlichen Glückwunsch!

Sie haben das Paukbuch zum/zur „Heilpraktiker/In eingeschränkt auf den Bereich der Psychotherapie" erfolgreich durchgearbeitet.

Führen Sie das Paukbuch nun bis zur mündlichen Prüfung mit sich mit und wann immer Wartezeiten eintreten, nehmen Sie sich einfach immer wieder ein Kapitel vor und rekapitulieren die für die Prüfung wichtigen Inhalte.

So sind Sie optimal für die amtsärztliche Überprüfung zum/zur Heilpraktiker/in eingeschränkt auf den Bereich der Psychotherapie vorbereitet.

Für die Überprüfung wünschen wir Ihnen von Herzen alles Gute und ganz viel Erfolg!

Ihre Sybille Disse und Team

Kapitel 17) Quellenangaben bzw. Literaturverzeichnis & Medien

- Benkert, Hippius – Kompendium der Psychiatrischen Pharmakotherapie
- Braun, F./Poehlke. T – GK3 Psychiatrie Original Prüfungsfragen mit Kommentar und Kurzlehrbuch
- Brochert, Adam – Psychiatrie 50 Express-Fälle für die Prüfung
- Brunnhuber, Frauenknecht, Lieb – Intensivkurs Psychiatrie und Psychotherapie
- Bschor, Grüner – Psychiatrie fast (6h Crashkurs)
- Dilling, Horst – Internationale Klassifikation psychischer Störungen
- Freyberger, H.J., Dilling, H. - Fallbuch Psychiatrie
- Freud, Sigmund – Vorlesungen zur Einführung in die Psychoanalyse
- Hoffmann/Hochapfel – Neurotische Störungen und psychosomatische Medizin
- Isikli, Karin – Heilpraktiker Psychotherapie Audiolehrgang (DVDs)
- Jaeggi, Eva – Zu heilen die zerstoßenen Herzen (Die Hauptrichtungen der Psychotherapie und ihre Menschenbilder)
- Koeslin, Jürgen – Psychiatrie und Psychotherapie für Heilpraktiker
- Lieb, Heßlinger, Jacob – 50 Fälle Psychiatrie und Psychotherapie
- Möller, Hans-Jürgen – Psychiatrie – Leitfaden für Klinik und Praxis
- Richter, Isolde – Lehrbuch für Heilpraktiker
- Rommelfanger, Dr. med. P. - Amtsarztfragen für die Psychotherapeutenprüfung Band 1, Amtsarztfragen Psychotherapie Band 2, Amtsarztfragen Psychiatrie, Amtsarztfragen Gesetzeskunde, Checkbuch, Vademecum Psychotherapie 3.0
- Schnura, Thomas und Tanja – Psychologische Beratung für Heilpraktiker,
  Schnura, Thomas – Crashkurs Psychotherapie (DVDs)
- Voß, Burkhard – Neurologie und Psychiatrie für Heilpraktiker

Sybille Disse, Heilpraktikerin (Psychotherapie)

Sybille Disse arbeitet als Heilpraktikerin für Psychotherapie in eigener Praxis.

Therapieschwerpunkte sind die Gesprächspsychotherapie, Bachblütentherapie und Homöopathie.

Sybille Disse ist Dozentin für den Ausbildungszweig Heilpraktiker Psychotherapie, Psychologischer Berater und Bach-Blüten-Beratung bzw. - Therapie.

Sie ist Mitglied in den Berufsverbänden VFP und BDH.

Bei Fragen und Anregungen können Sie uns gerne kontaktieren: info@sybille-disse.de